Orar 15 dias com
São Pio de Pietrelcina

JEAN-DOMINIQUE DUBOIS

Orar 15 dias com
SÃO PIO
DE PIETRELCINA

EDITORA
SANTUÁRIO

DIRETOR EDITORIAL:
Marcelo C. Araújo

COPIDESQUE:
Lígia Maria Leite de Assis

EDITORES:
Avelino Grassi
Márcio Fabri

REVISÃO:
Bruna Marzullo

COORDENAÇÃO EDITORIAL:
Ana Lúcia de Castro Leite

CAPA E DIAGRAMAÇÃO:
Simone Godoy

TRADUÇÃO:
Antônio Bicarato

Título original: *Prier 15 jours avec Padre Pio*
© Nouvelle Cité
Sarl 37, avenue de la Marne – 92120 - Montrouge
ISBN 2-85313-398-2

Dados Internacionais de Catalogação na Publicação (CIP)
(Câmara Brasileira do Livro, SP, Brasil)

Dubois, Jean-Dominique
  Orar 15 dias com Padre Pio / Jean-Dominique Dubois; [tradução Antônio Bicarato]. – Aparecida, SP: Editora Santuário, 2008.
– (Coleção Orar 15 Dias, 15)

Título original: Prier 15 jours avec Padre Pio.
Bibliografia.
ISBN 978-85-369-0140-4

1. Espiritualidade 2. Orações 3. Pio de Pietrelcina I. Título. II. Série.

08-08010   CDD-248.32

Índices para catálogo sistemático:
1. Oração: Cristianismo 248.32

7ª impressão

Todos os direitos reservados à **EDITORA SANTUÁRIO** — 2025

Rua Pe. Claro Monteiro, 342 – 12570-045 – Aparecida-SP
Tel.: 12 3104-2000 – Televendas: 0800 - 0 16 00 04
www.editorasantuario.com.br
vendas@editorasantuario.com.br

Ao Padre Pio,
em reconhecimento,
e a meus irmãos capuchinhos da Sardenha,
que me deram a alegria de conhecê-lo.

"Fostes, na verdade, comprados por alto preço. Glorificai, pois, a Deus em vosso corpo" (1Cor 6,20).

SIGLAS E ABREVIAÇÕES

CIC	Catecismo da Igreja Católica
CE	Cruzando o limiar da esperança, João Paulo II
2 Cel	Deuxième vie de François d'Assise, por frei Tomás de Celano (Francisco de Assis. Documentos.)
3ª CsS	Troisième considération sur les stigmates (Francisco de Assis. Documentos.)
EI	Entrevista inédita com uma testemunha
FC	A fé em crise, Joseph Ratzinger, EPU
LG	Lumen Gentium, Vaticano II

Sigla	Obra
LO	Lettre à tout l'Ordre, Francisco de Assis
PL	Paroles de lumière
PPE	Padre Pio nous enseigne
PO	Presbyterorum Ordinis, Vaticano II
PPS	Padre Pio, le stigmatisé, Yves Chiron
PPTD	Padre Pio. Témoin de Dieu, Jean Derobert
2RG	Deuxième règle de François d'Assise
SD	Salvifici Doloris, João Paulo II
TdD	Padre Pio, transparent de Dieu, Jean Derobert
VV	Le vrai visage de Padre Pio, Maria Winowska

* N.E.: A numeração que, no texto, acompanha as siglas e abreviações remete à pagina das obras citadas.

A VIDA DE PADRE PIO

No fim do século XIX, a Europa vive em meio a múltiplas conturbações. A filosofia da morte de Deus, fruto do século das luzes, leva, pouco a pouco, à morte do homem. No coração dos debates está a afirmação dos direitos do homem. As ciências contribuem para prodigiosas descobertas que geram, ao mesmo tempo, muitas desigualdades sociais. Os países europeus começam a se dilacerar numa explosão de violência jamais vista até então.

A Igreja procura responder com fidelidade à sua vocação missionária. Sacode-a a crise do modernismo. Surgem em seu seio grandes papas. Sua tenacidade e força espiritual, sustentadas pelos trabalhos de eruditos, conduzem-na a esta obra profética para nossos tempos: o Concílio Vaticano II.

Na Itália meridional, a Campânia, com as planuras férteis do golfo de Nápoles e suas colinas doces, mas pobres e ingratas, na região de

Benevento, abriga um povo simples e trabalhador. A vida é rude, despojada, com certo charme austero, mas bela, nessa região que o sol logo cedo ilumina e aquece.

No dia 25 de maio de 1887, Pietrelcina, vilarejo cujo nome significa "pequena pedra", vê nascer Francisco, o quarto de uma família de oito filhos. Três deles morrerão ainda crianças.

Josefa, a mãe, é incansável nos trabalhos da casa. Animam-na a isso sua fé sólida e a oração de seu coração. Grazio, o pai, trabalha corajosamente para sustentar a família. Não falta o necessário no lar dos Forgione. O que não impede, entretanto, que Zi'Grazio, como é chamado carinhosamente, por duas vezes emigre aos Estados Unidos para suprir as necessidades dos seus, particularmente para pagar os estudos do filho Francisco, que quer ser padre.

Francisco é um menino fácil de educar. Sua seriedade e piedade transmitem confiança. Ele pastoreia algumas ovelhas da família. Gosta de brincar, como toda criança, mas gosta mais de ficar olhando as brincadeiras. Foge de amigos grosseiros ou blasfemadores e não liga para a implicância de alguns que o acham muito sério. Com outros, organiza belos passeios.

Mais tarde, dirá que é *"um macarrão sem sal"*. Humor e humildade! É certo que o encanto pela vida interior o faz afastar-se um pouco da vida corriqueira dos colegas, mas não o separa totalmente deles. Francisco pode parecer ter uma personalidade esquisita. Mas não. O que tem é um temperamento que se robustece aos olhos dos seus.

Ele é seduzido pelo Senhor. Sua vida de oração, profunda e autêntica, é pouco comum para sua idade. Participa com alegria e grande piedade das festas do ano litúrgico, como também das festas dos padroeiros da região. Em qualquer lugar onde esteja, na igreja, em casa ou no campo, ele reserva tempo para estar a sós com Jesus e Maria.

Mais tarde, se saberá que o Senhor já se manifestava a ele de maneira particular. "Os êxtases e as aparições começaram aos cinco anos" (*TdD* 23). E Francisco, ingenuamente, pensava que era assim para todo mundo. Às graças pouco comuns, como as costumeiras brincadeiras com seu anjo da guarda, opunham-se os ataques diabólicos.

Cumpridos os anos da escola fundamental, Francisco entra, em 6 de janeiro de 1903, aos quinze anos, no noviciado dos irmãos capuchinhos, em Morcone, não longe de sua "querida

Pietrelcina". Já há tempos o Senhor o chama. O despojamento dos irmãos do Pequeno Pobre de Assis, sua vida de oração, assim como sua vida entre o povo do lugarejo, tocam naturalmente esse jovem coração sedento de Deus, nascido no meio de uma gente e numa terra onde os artífices do mundo têm pouco poder de atração. Como religioso, Francisco recebe o nome de Pio.

Terminado o ano de noviciado, ele passa sucessivamente por diversos conventos da província religiosa de Foggia, para fazer os estudos de filosofia e de teologia. Devido à sua saúde frágil, o superior provincial, padre Benedito de San Marco, autoriza o jovem frade a passar uns tempos em sua terra natal, cujo clima lhe faz bem. Essa estada em Pietrelcina dura, na verdade, sete anos: de maio de 1909 a fevereiro de 1916.

Quando eclode a Primeira Guerra Mundial, frei Pio tem de alistar-se. Mas logo é afastado em razão de sua saúde precária.

Com permissão especial, devido à ainda pouca idade, em 10 de agosto de 1910, frei Pio é ordenado padre na catedral de Benevento. Os primeiros anos de seu sacerdócio desenrolam-se na vida isolada de sua terra, em Pietrelcina. São anos de provações. Torna-se ali um auxiliar precioso, se bem que discreto, para o pároco, Mons. Salvador Panullo.

Sua vida espiritual não faz senão crescer e se enriquecer sob a direção séria e humilde de padre Agostinho de San Marco, que é auxiliado pelo superior provincial, padre Benedito de San Marco. Pode parecer excessivo, mas não é, o apoio espiritual desses dois valorosos padres nas terríveis noites que atormentam Padre Pio.

No dia 20 de setembro do ano de sua ordenação, o Senhor o marca com as chagas de sua paixão. Ninguém à sua volta suspeita da existência do "segredo do Rei". A oferenda de Padre Pio torna-se, cada vez mais misteriosamente, mas realmente, a oferenda do Senhor Jesus pobre e crucificado.

No vilarejo, as pessoas veem com alegria seu *"santariello"*, seu "santinho". O bom senso camponês, mas senso também da fé, não os engana, mesmo se a demora nas missas do jovem padre não é de seu gosto. A vida de Padre Pio está com Cristo escondida no meio de seu povo. Religioso de extraordinária simplicidade e de pureza toda evangélica, frei Pio, sem que o queira, é luz que se sobressai entre seus compatriotas nos mais simples contatos.

A partir de 1914, padre Agostinho lhe confia a direção espiritual de várias pessoas. É o início de um fecundo ministério como pai espiritual.

Padre Pio deixa definitivamente Pietrelcina em 1916 para residir no convento de San Giovanni Rotondo, mais propício à santidade e à vida solitária. Confiam-lhe a educação dos jovens clérigos. Muitos são seus afazeres, pois a comunidade está bem reduzida pelo fato de vários religiosos se acharem na guerra. Padre Pio vela com solicitude sobre seus meninos, acolhe os fiéis que acorrem ao convento, escreve como diretor espiritual, confessa e celebra a missa. "Eu nem tenho tempo", escreve ele, "de repousar em paz sobre o Coração do Pai do Céu" (*TdD* 446).

Nunca satisfeito com os colóquios íntimos com o Senhor, no meio das ocupações ministeriais, sua oração é ininterrupta e intensa. Nessa oração, renova sem cessar sua oferenda por todos.

Na manhã de 20 de setembro de 1918, após a celebração da eucaristia, enquanto está todo recolhido no coro dos religiosos, na tribuna da igreja, aparece-lhe um misterioso personagem que o deixa transpassado e ensanguentado nas mãos, nos pés e no lado. Invisíveis até então, os estigmas tornam-se irremediavelmente visíveis.

Imediatamente, seu superior, o frei guardião, como o chamam os franciscanos, e os freis de sua comunidade constatam o dom misterioso recebido por seu irmão. Mais que depressa, os fiéis da pequena igreja de Nossa Senhora das Graças se encarregam de espalhar a notícia. A partir de então será impossível conter as multidões que sobem as ladeiras dessa colina perdida do Gargano*. Primeiro sacerdote estigmatizado da história, padre Pio se vê exposto e entregue à vista de todos como um pobre crucificado, destinado, por esse dom insigne de Jesus, a servir as almas, em plenitude de coração e de corpo.

Os superiores capuchinhos pedem uma séria investigação médica. Sucedem-se muitos médicos. Doutor Giorgio Festa, agnóstico e por isso decidido a lutar com os religiosos contra os assim ditos estigmas, acaba por estabelecer um relacionamento muito intenso, que lhe confere autoridade. Ele mesmo se converte e se torna fiel amigo do padre.

Padre Pio não é apenas portador das chagas do Senhor. Numerosos carismas lhe foram dados por Deus para trazer de volta as ovelhas desgarradas da

---

* N.T.: Gargano: promontório que forma a "espora" da bota (mapa da Itália), no mar Adriático.

casa do Pai. Ele lê nos corações; tem o dom da bilocação; faz sentir um misterioso perfume àqueles que é preciso encorajar; obtém a cura de muitos.

Pela conversão dos pecadores, Padre Pio permanece cinquenta anos em extrema pobreza, em um convento isolado de sua Ordem, rezando, sofrendo, celebrando a eucaristia e confessando.

A celebração de sua missa é de tal intensidade que leva todos os participantes, tanto os fiéis como os curiosos ou céticos, a entrar no mistério insondável da Eucaristia, por uma verdadeira renovação de vida cristã. São incontáveis "os grandes peixes", como Padre Pio gosta de chamá-los, que não compreendem o que os empurra irresistivelmente, depois de participarem da missa do pobre capuchinho, a se ajoelhar em seu confessionário para a reconciliação de sua vida.

O ministério da reconciliação consome seu tempo e suas energias de sacerdote. Todas as idades e todos os estados de vida, grandes e pequenos deste mundo, membros da Igreja ou da sociedade civil, representantes de todos os erros ou desvios ideológicos do século XX (maçons, livres pensadores, comunistas, libertários...) chegam do mundo inteiro e passam por sua vida de simples monge capuchinho para descobrir enfim a Vida verdadeira.

Mas quem sabe o quanto Padre Pio paga caro os frutos de tal ministério? Quem pode adivinhar as noites interiores, os sofrimentos morais e físicos em que ele se vê imerso grande parte do tempo? Ele é "chaga sobre chaga"... Vive, a cada Eucaristia, todas as etapas da Paixão de Jesus... Recebe, ao longo do dia, a abjeção dos pecados da humanidade. Por duas vezes, sofre severas restrições no exercício de seu ministério por causa do orgulho e da inveja de muitos homens da Igreja.

Durante dois longos anos, de 9 de junho de 1931 a 16 de julho de 1933, por influência de reportagens mentirosas, fica proibido de rezar a missa em público, de confessar e de dirigir espiritualmente quem quer que seja. Do fim de 1959 até janeiro de 1964, sofre numerosos vexames e pressões morais. Alguns responsáveis de sua Ordem, enganados, como muitas outras autoridades religiosas, pelo banqueiro Giuffré, querem de fato desviar, em proveito do pagamento de uma dívida enorme, as ofertas feitas para o hospital por ele fundado com tanto amor.

Padre Pio sofre, mas, como Jesus, sofre em silêncio. Porque se consome de amor como o Cristo. Um dos mais belos frutos dessa vida entregue por amor surgiu em um terreno ao lado de seu convento: a *Casa sollievo della sofferenza*. A "casa do alívio do sofrimento" é um dos hospitais mais atuantes da Itália. Aos pobres, ali, é dada a mesma atenção que aos ricos. O homem remido por Cristo deve ser cuidado como o próprio Cristo e considerado em sua integralidade. No seio desse hospital nascem os grupos de oração do Padre Pio, que dá prioridade absoluta à oração na vida cristã. Ele experimenta seu poder. Esse dom da oração, ele o deseja, ele o pede para todos os sofredores da terra.

Aos 22 de setembro de 1968, padre Pio celebra uma missa solene. Seu frei guardião pediu isso a ele, malgrado seu esgotamento, porque vem gente de toda parte a San Giovanni Rotondo, para um congresso de grupos de oração. A data escolhida coincide com o quinquagésimo aniversário dos estigmas do humilde filho de Francisco de Assis. Ninguém tem dúvida de que é sua última missa. Na noite seguinte, às 2h23 da madrugada, Padre Pio de Pietrelcina entrega sua alma ao Senhor. Ele se confessa uma última vez e adormece como uma criança depois de pronunciar com toda a simplicidade os nomes tão amados de Jesus e de Maria.

Em 1971, no Capítulo Geral dos Irmãos Menores Capuchinhos, o Papa Paulo VI fala sobre o milagre que sobrevive a Padre Pio: "Considerai a celebridade que ele alcançou! Aquela clientela de todo o mundo que reuniu a seu redor! Por quê?... Era ele um filósofo?... Era ele um sábio?... Por que possuía riquezas à sua disposição?... Porque ele rezava a missa humildemente, confessava da manhã à noite e era – difícil de dizer – o representante de Nosso Senhor, marcado com seus estigmas. Era um homem de oração e de sofrimento" (*TdD* 16).

UM ROSTO A CONTEMPLAR

A exemplo de Francisco de Assis, Padre Pio é fascinado pelo rosto de Cristo. Ele o busca com toda a força de sua fé, na oração, na penitência e na pobreza voluntária.

A oração cristã é a contemplação do rosto do "mais belo dos filhos dos homens" (Sl 45,3), Jesus Cristo, morto e ressuscitado por nós. Esse rosto nos seduz e nos devolve a semelhança perdida nas origens da criação. Contemplar em verdade o Cristo é ser transformado todo inteiro nele, para estar lá onde ele habita: no face a face com o Pai, um nele, como ele é no Pai e o Pai é nele.

"E nós todos que, de rosto descoberto, refletimos como num espelho a glória do Senhor, somos transformados nessa mesma imagem, indo de glória em glória, conforme a ação do Espírito do Senhor" (2Cor 3,18).

Francisco de Assis nada quis senão ser cristão em plenitude, nada possuir a não ser Jesus Cristo e não ser possuído por nada nem por ninguém.

Fascinado pelo rosto do Senhor Jesus que por primeiro o buscou, Padre Pio vive plenamente o programa de vida cristã dos frades menores, recebido de seu pai, Francisco de Assis.

"Que os irmãos considerem que devem, acima de tudo, desejar ter o Espírito do Senhor e sua santa ação, invocá-lo diariamente com um coração puro e ter a humildade, a paciência na perseguição e na doença, e amar aqueles que nos perseguem, nos censuram e nos acusam..." (*2RG* 10, 8-9).

É espantoso notar que há oito séculos – na sequência de uma longa história de vida franciscana marcada por tantos semblantes de santidade – frei Pio de Pietrelcina comece lá onde Francisco terminou. Só nos dois últimos anos de sua vida, Francisco de Assis, diácono da santa Igreja, levou em seu corpo os estigmas de Cristo; Frei Pio começa sua vida de frade menor, como padre, recebendo as chagas da Paixão de Jesus. Os dois santos têm cada um sua personalidade e envergadura própria. No entanto, que extraordinário mistério de perseverança e de fidelidade dos dois na pobreza evangélica radical, para se conformarem ao Cristo pobre e crucificado!

Padre Pio não escolheu nem sua condição, nem seus carismas. Ele os recebe e os acolhe em grande despojamento, e até com confusão.

Isso o faz dizer: "Eu sou um mistério para mim mesmo". A consequência disso é que ele se torna "transparência de Deus".

A santidade consiste precisamente nisto, diz João Paulo II em sua homilia de beatificação: já não é o cristão que vive, mas o Cristo que vive nele (cf. Gl 2,20). Meta elevada que vem acompanhada de uma promessa mais que reconfortante: "Quem crê em mim também fará as obras que eu faço. E fará até maiores, porque vou para o Pai" (Jo 14,12).

Ao ouvir essas palavras do Cristo, nosso pensamento vai até o humilde frei capuchinho do Gargano. Com que evidência elas se realizaram para o Bem-aventurado Pio de Pietrelcina! (João Paulo II, homilia na beatificação de padre Pio, 22/05/1999, *Osservatore Romano* n. 18 [25/0]).

Jesus estabeleceu sua morada em seu servo, Padre Pio de Pietrelcina. Por essa "humanidade a mais", o Senhor atrai seus filhos a si, como ele tinha anunciado: "E eu, uma vez elevado da terra, atrairei todos os homens a mim" (Jo 12,32). O Crucificado do Gólgota se deixa ver através dos atos e das palavras do crucificado do Gargano.

Louvemos a Jesus Cristo ao contemplar as maravilhas que realizou na vida de seu servo, Pio de Pietrelcina. Descubramos o rosto luminoso do Cristo. Entremos em seu coração ardente de amor pelos homens. Deixemos que ele se revele a nós e nos transforme em seu amor, pelo fogo de seu Espírito Santo. Que cheguemos, por esta contemplação, a nos tornar, por nossa vez, como o Padre Pio, e, segundo a graça a nós concedida, portadores da verdadeira imagem de Cristo para nossos irmãos.

"Pois não é a nós que pregamos, mas a Cristo Jesus, o Senhor; nós não somos mais que servos vossos, por amor de Jesus. Com efeito, o Deus que disse 'Das trevas brilhe a luz!' foi quem brilhou em nossos corações, para fazer resplandecer o conhecimento da glória de Deus, que está na face de Cristo" (2Cor 4,5-6).

Primeiro dia

O CHAMADO DE JESUS CRISTO

Eu sentia duas forças digladiando-se dentro de mim e que dilaceravam meu coração: o mundo me queria para ele, e Deus me chamava a uma nova vida. Meu Deus, como descrever meu martírio? A só lembrança do que acontecia em mim me gela o sangue nas veias. Vinte anos já são passados. Eu sentia que devia obedecer a ti, Deus verdadeiro e bom, mas meus inimigos me tiranizavam, me deslocavam os ossos e me contorciam as vísceras. Eu te queria obedecer, ó meu Deus e meu Esposo. Mas onde encontrar a força para resistir a este mundo que não é o teu? Ao fim, apareceste e, estendendo tua mão todo-poderosa, tu me conduziste para onde me havias chamado... (*TdD* 37)

O chamado do Senhor prende o coração de Francisco desde tenra idade. Sua liberdade é colocada à prova. Ele é homem. Em plena adolescência, no momento em que diversos caminhos são possíveis, ele ouve os apelos do mundo. Tem consciência de ser livre diante de Deus. Cabe a ele aceitar ou recusar o caminho proposto.

"Javé... por trás e pela frente me envolves e pões tua mão sobre mim... Para onde irei, longe do teu espírito? Para onde fugirei de tua face? Se eu digo: 'Que ao menos a escuridão me esconda e se faça noite a meu redor', mesmo as trevas não são escuras para ti, e a noite é clara como o dia" (Sl 139,5.7.11-12).

Escolher Deus e sua vontade a nosso respeito é objeto de uma luta tão real pelo fato de que nossa liberdade foi travada pelas consequências do pecado original. "O espírito está preparado, mas a natureza humana é fraca" (Mt 26,41), ensina Jesus na hora de entrar na sua paixão. E "foi para ficarmos livres que Cristo nos libertou" (Gl 5,1).

Além de termos de fazer uma escolha, Deus nos desconcerta frequentemente. "Vossos pensamentos não são meus pensamentos, vossos caminhos não são meus caminhos", diz o Senhor (Is 55,8).

Por outro lado, o adversário do gênero humano nunca se desarma. Procura sempre se opor a este relacionamento entre o homem e Deus.

Mas Deus é amor. Por meio de seu amor, ele é maior que todas as suas criaturas. Ninguém pode detê-lo quando chama sua criatura para fazer aliança. Como o esposo do Cântico dos Cânticos que procura sua amada, o Senhor se lança ao encontro de seus filhos.

"... e ele, como o esposo que surge do quarto nupcial, exulta como um herói que percorre seu caminho. Ele nasce numa extremidade do céu e seu percurso alcança o outro extremo; nada escapa a seu calor" (Sl 19,6-7).

Francisco faz a experiência dessa bondade infinita de Deus, de sua afeição por suas obras.

> Em mim, que sou sua pobre e abjeta criatura, Deus me mostrou desde meu nascimento que ele seria não só meu Salvador, meu Benfeitor Supremo, mas o Amigo devotado, sincero, fiel, o Amor eterno e infinito, a Consolação, a Alegria, o Reconforto, todo o meu Tesouro...
>
> Com ardor, com suspiros de amor, com gemidos inenarráveis, com palavras doces e suaves, (o Senhor) me chamava para ele, me queria inteiro prender a ele.

Francisco, maravilhado, acolhe esses sinais de amor do Senhor e responde com generosidade. Deus, todavia, não se faz conhecer de repente. Ele trabalha em pinceladas sucessivas e progressivas. Deixa-se cativar por sua criatura e depois não a poupa nem da provação da noite do espírito nem de qualquer outra provação.

A oração do jovem adolescente de Pietrelcina se faz então mais ardente para fugir de toda sorte de tentação.

> E nas tentações, ataques bem precisos do Inimigo, eu invocava sem interrupção os Santíssimos Nomes de Jesus e de Maria, chamando com ardente ansiedade o bom Pai, para que viesse em meu socorro. E ei-lo pronto a me atender. Ele se apresentava a mim e, querendo que me esforçasse por afastar de mim a funesta imagem, parecia sorrir, parecia que me convidava para outra vida...

Francisco conhece o rude combate das duas liberdades que se afrontam e se respeitam: a liberdade de Deus e sua liberdade de homem. Ele sente suas próprias resistências ou aquilo que, nele, poderia pactuar com o Maligno. Como todo homem, a provação o purifica e lhe ensina o amor que se manifesta e se propõe, sem se impor. Descobre também, além de seus limites e de seu pecado, que tudo é graça, mesmo o "sim" que ele responde ao Senhor.

> Ao fim, apareceste e, estendendo tua mão todo-poderosa, tu me conduziste para onde me havias chamado...

Jesus se deixa vencer. Deixa-se procurar e dá a alegria da escolha.

Nesse ardente amor de Deus por Francisco, nós entrevemos o amor de Jesus pela multidão. Jesus prepara seu servo para proclamar o amor invencível do Deus Trindade de amor.

Tendo feito por ele mesmo a experiência da misericórdia, Francisco reconhece que deve fazer parte dos operários do Reino, sem conhecer ainda a amplitude de sua missão.

> Parecia que ele me convidava para outra vida. Fazia-me compreender que o porto da segurança, o refúgio de paz para mim, eram as fileiras da Milícia eclesiástica.

Francisco parece estar aturdido. Como que puxando uma fila, entra pelo mesmo caminho por onde fará passar muitos homens. Se Deus quer fazer dele o primeiro dessa fila, ele entende que é uma escolha soberana de Deus, sem qualquer mérito da parte daquele a quem isso é pedido.

Escolher Deus, isso não é adotar um caminho de vida entre tantos outros ou aprisionar um projeto forjado à força dos talentos recebidos, mas consentir humildemente no único caminho que, em seu plano de amor eterno, Deus escolheu para nós.

> Onde poderia eu te servir melhor,
> ó Senhor, senão no claustro, ou sob a
> bandeira do Pequeno Pobre de Assis?

Que baste dizer "sim" ao Deus todo amor, que se revela aos olhos da alma. Que baste ao homem se deixar ficar na entrega de todo o seu ser.

"Não fostes vós que me escolhestes, mas fui eu que vos escolhi e vos designei para irdes e produzirdes fruto, e para que o vosso fruto permaneça" (Jo 15,16).

Segundo dia

A POBREZA DE JESUS CRISTO

Jesus, eu devo ser exilado... Mas, Jesus, tu me queres mandar embora?... Não foste tu mesmo que me chamaste?... Eu também tenho o direito de permanecer como religioso. [...] E tu me expulsas? Jesus, faz de tal modo que eu obedeça a meus Superiores! [...]

Ó, meu Pai Seráfico, tu me expulsas de tua Ordem?... Já não sou teu filho?... Quando me apareceste pela primeira vez, santo Pai Francisco, tu me disseste para ir para esta terra de exílio?... Ah, meu Pai, é a Vontade de Deus?... Tudo bem, cumpra-se!

Mas, meu Jesus, ajuda-me... E qual será o sinal de que me queres lá?... Celebrarei a Missa... Tudo bem, meu Jesus, obrigado! *(TdD 185).*

Durante um êxtase, Padre Pio dialoga com Jesus e Francisco de Assis. Padre Agostinho, que está presente, recolhe as palavras de seu irmão, sem ter a graça de ouvir as de Jesus e de Francisco. As circunstâncias nos ajudam a compreender este diálogo.

Em maio de 1909, frei Pio está muito doente. É autorizado a voltar para sua cidadezinha de Pietrelcina. Graças ao bom clima da região e aos cuidados da mamãe, a estada ali deve ser benéfica e de curta duração. Entretanto, os médicos quase nada conseguem diagnosticar da doença. Temendo sua morte, é ordenado padre antes do previsto.

Padre Benedito, superior provincial, não pode estar satisfeito com essa situação de afastamento do claustro, que acaba por durar anos. Ele não duvida da idoneidade de seu irmão, mas constata que, no que diz respeito à doença, fracassa toda tentativa de trazê-lo de volta ao convento. Por isso, a perspectiva de uma dispensa da vida em comunidade, e até de deixar a Ordem, parece ser a única saída. Com a morte na alma, Padre Pio pede a autorização para viver fora do convento. Ele espera que isso seja com a permissão de conservar o hábito capuchinho, o que lhe é concedido "pelo tempo que dure a doença".

Ele não considerou a possibilidade de ser suspenso do sacerdócio ministerial, e sim somente de sua pertença à Ordem. O sacerdócio ele tem no coração. Vive-o muito consciente e plenamente. Entretanto, a certeza de continuar como padre não é um consolo. Ser frade menor faz parte do chamado do Senhor, e é como filho de Francisco de Assis que ele quer ser padre. A perspectiva de ficar para sempre fora da comunidade dos irmãos é-lhe muito penosa. Isso faz dele um pobre. "O maior sacrifício" que fez pelo Senhor, confidenciará ele. Deus está frequentemente embaralhando os caminhos de seus filhos!

A pobreza evangélica é o caminho real que conduz à vida, ensina Francisco, pois é o mesmo caminho do Amor que é Deus, é o caminho do Filho do homem. "Conheceis, com efeito, a generosidade de nosso Senhor Jesus Cristo: era rico e se fez pobre por vossa causa, para enriquecer-vos por meio de sua pobreza" (2Cor 8,9).

Deus Pai é pobre de seu Filho: Ele no-lo dá (Jo 3,16). Deus Filho é pobre de si mesmo: ele se entrega todo inteiro em nossas mãos (Jo 10,18;15,15). O Pai e o Filho são pobres de seu amor: eles dão à Igreja o Amor-dom, o Amor-pessoa, que é o Espírito Santo (Jo 14,26). O discípulo deve assemelhar-se a seu mestre: "Felizes os pobres em espírito, porque é deles o Reino dos Céus" (Mt 5,3).

Francisco de Assis percorreu o caminho da pobreza evangélica até o empobrecimento de sua Ordem, não obstante Deus lhe ter dado o carisma da fundação. Mais radicalmente ainda ele entrega ao Senhor esses três cofres de ouro, que em sua vida representam a obediência, a castidade e a pobreza, vividas em perfeição (3ª CsS 1228-1229).

Ser pobre de tudo, mesmo dos bens espirituais mais sublimes recebidos do Senhor, para não possuir senão a Jesus Cristo, e Jesus Cristo crucificado. "Por ele eu aceitei perder tudo, e tudo considero como lixo, a fim de ganhar a Cristo, [...] conhecê-lo e experimentar o poder de sua ressurreição e da comunhão com seus sofrimentos, [...] para ver se alcanço a ressurreição dentre os mortos" (Fl 3,8.10-11).

Padre Pio, ele também, é como que despojado de sua pertença à Ordem seráfica. Os desapegos mais difíceis de viver são os que a gente não escolhe. Eles nos vêm misteriosamente de Deus, através dos acontecimentos, das pessoas ou dos apelos do Senhor. Além disso, o Mestre nem sempre explica os motivos de suas vontades, quer as bem explícitas, quer as repentinas mudanças.

Eis uma das questões que se colocam os dois diretores espirituais de Padre Pio: descobrir qual o motivo de Deus querer esse afastamento de seu irmão. Por isso, eles interrogam Padre Pio. Este obedece, e a Virgem Maria lhe revela que é inútil questionar seu Filho a esse respeito.

Ele escreve a seu Provincial: "Jesus não quer responder".

Depois, ao padre Agostinho: "Ao receber sua última carta, eu quis pedir à Madonina a graça que o senhor sempre me mandou pedir. [...] Ah, eu devo confessar, em minha confusão, que o efeito foi o contrário do esperado, porque esta santa Mãe se encolerizou por causa da audácia que tive de novamente reclamar essa graça, pois ela me havia proibido severamente. Então, a Madonina falou de novo com seu Divino Filho, eles me fizeram uma boa lavagem cerebral e renovaram sua proibição: 'Não te preocupes com o que os outros pensam a teu respeito, nós tomamos tua defesa...'" (*TdD* 89).

Saber que se está na vontade de Deus, por mais paradoxal que possa parecer, é uma graça. Mas nada saber a respeito, nem as razões, é da ordem da pobreza espiritual. Até Maria e José "não compreenderam o que [Jesus] lhes dizia" (Lc 2,50).

No meio de seus irmãos, Padre Pio será cada vez mais despojado de tudo, até de sua honra, sua reputação e sua liberdade mais sagrada. Infelizmente, isso será, em parte, obra de alguns irmãos ou homens da Igreja.

Para o servo de Deus, entretanto, isso não passará de pequena mostra de um despojamento infinitamente mais profundo, mais interior, ao qual nada nem ninguém pode ter acesso, nem mesmo aquele que, em sua liberdade interior, vive todo em sintonia com a obra de Deus. Esse despojamento atinge a pessoa em seu eu mais profundo, mais pessoal, até deixar todo o espaço para Cristo. Padre Pio, ao viver isso, será esvaziado de si mesmo, até do sangue.

Ele imita seu mestre. "Apesar de sua condição divina, Cristo não reivindicou o direito de ser tratado como igual a Deus. Ao contrário, aniquilou-se a si mesmo e assumiu a condição de servo..." Literalmente: "Ele se esvaziou de si mesmo" (Fl 2,6-7).

Terceiro dia

A ORAÇÃO
DE JESUS CRISTO

Desde o dia em que fui crismado, jamais havia assistido a uma cerimônia tão santa. Eu derramava lágrimas de consolação em meu coração nesta santa cerimônia, porque ela me trazia de volta aquilo que me fez experimentar o Santíssimo Espírito Paráclito no dia em que recebi o Sacramento da Confirmação, dia muito particular e inolvidável para toda a vida. Quão doces estremecimentos me fez experimentar então este Espírito Consolador! À lembrança desse dia, sinto-me todo inteiro incendiado por vivíssima chama, que me queima, me devora e não faz mal.

Como eu seria feliz se fosse consumido inteiro por essa chama! Oh, sim! Que o dulcíssimo Pai de Jesus mostre finalmente sua Presença a quem o procura tão ardentemente. E já que ninguém pode contemplar essa Presença sem que por isso morra, que ele me mate antes, e eu me consideraria feliz, pois o ganho é muito superior à perda (*TdD* 160-161).

Na paróquia de Pietrelcina, Padre Pio acaba de viver a crisma das crianças. Muito tocado ainda pela beleza da celebração, ele escreve ao padre Agostinho. Lembra-se de sua própria crisma, recebida há doze anos. Descreve, nessa carta, o caminho que percorreu em sua alma desde o dia de sua crisma. A oração, brotada desse sacramento, transformou-se em um manancial dentro dele.

Pelo batismo e pela confirmação, o catecúmeno entra no mistério de Jesus Cristo. Ele não se faz senão um com o Cristo. É sua a oração do Senhor. Aquele que nasceu da água e do espírito recebe solenemente o Nosso Pai. "A entrega *(traditio)* da Oração do Senhor significa o novo nascimento para a vida divina" (*CIC* 2769). A oração de Jesus não é uma simples fórmula a ser repetida. Ela é um mistério no qual o batizado é convidado a entrar, para viver uma relação de amor com o Pai celeste. É permitido ao cristão orar com outras palavras, mas não diferentemente (Santo Agostinho). O Espírito Santo é quem inicia o batizado na oração. "Vós não viveis dominados pela carne, mas guiados pelo Espírito, se de fato o Espírito de Deus habita em vós" (Rm 8,9).

Eis a doce experiência que faz Padre Pio no dia de sua confirmação. O Espírito, "a água viva que, no coração orante, jorra para a Vida eterna" (*CIC* 2652), leva-o a saber Deus como o bem supremo.

> Minha alma está desejosa de se ver totalmente possuída por este grande Deus, por cujo amor ela sente seu coração perseguido e transpassado. Contra sua vontade, a pobrezinha sofre de outras demoras em satisfazer seus ardentes desejos e já não consegue resistir ao sofrimento que a atormenta.
>
> Pobre alma! Já está cansada de esperar seu esposo que, através da "fonte de cristal", a tomou inteira. Ela tenta ver em sua plenitude e perfeição esta imagem da qual entreviu como que os primeiros traços, o esboço. Numa palavra, ela quer ver o Verbo, o Filho de Deus, que é o esplendor da

Glória de Deus e a perfeita revelação de sua própria substância [...].

Que ele cuide bem [...] de não mais entreter minha pobre alma com outras revelações e comunicações que não cheguem a satisfazer seu desejo e sua vontade, e que termine enfim por se dar todo inteiro, por meio desta união, em um amor perfeito e saciado.

Padre Pio está entregue ao Espírito de seu batismo. Grava-se em seu coração o sopro de Deus: "Abba, Pai!" (Rm 8,15), e suplica por todos os meios, "em gemidos inefáveis" (Rm 8,26). Para ele, orar é simples. O próprio Pai ora em seu coração. Basta "por um breve momento o abandono entre suas mãos" (Charles Péguy).

Muitas vezes, Padre Pio é pego de surpresa por peripécias do Espírito Santo. Em certas ocasiões, tendo bem no coração a oração por pessoas que se recomendaram a ele, eis que no momento de oferecê-las a Deus "seu espírito se encontra em perfeito vazio". Outras vezes, sente-se impelido a rezar por pessoas que lhe são totalmente desconhecidas. E constata, logo em seguida, que Deus atendeu suas preces (*TdD* 133-134). O verdadeiro orante não é senhor de sua oração, ele está nas mãos do Pai, mãos estas que são o Espírito Santo e o Verbo de Deus.

Se a chave da oração é o abandono ao Espírito Santo, a exigência fundamental, segundo o ensinamento de Jesus, é a perseverança. "Orai sem cessar, sem desanimar", diz Jesus (Lc 18,1). A um de seus penitentes, que se queixa de ter pouca vontade de rezar, Padre Pio responde: "A oração demanda constância e perseverança, precisamente quando nós não estamos dispostos. Deus, aliás, recompensa a vontade e não o sentimento (*PPE* 251).

A persistência de Padre Pio em se manter em permanente oração é qualquer coisa de impressionante. A oração é toda a sua vida. Como o vigia do profeta Isaías, ele se coloca "sobre as muralhas de Jerusalém", não se concedendo qualquer repouso enquanto Deus não tenha estabelecido seu povo no louvor da salvação (Is 62,6-7). Pois "a oração humilde e suplicante triunfa sobre o próprio Deus. Ela lhe detém o braço, ameniza seus raios, ela o desarma, o vence, o aquieta, o torna como que dependente e o faz amigo..." (*TdD* 311).

Padre Pio se define como "um padre que ora". Sua oração é contínua. "Ele rezava todos os dias, noite e dia", escreve padre Frederico. Para nós, seu primeiro púlpito era o coro, onde passava longas horas do dia de joelhos, pois era fiel adorador de Jesus no Santíssimo Sacramento. No meio de nós, ele rezava e nos respondia tendo sempre o terço em sua mão direita, que trazia escondida no bolso de seu peitilho. No refeitório, depois de haver comido apenas pequena porção, rapidamente e sem qualquer prazer, ele se punha a rezar. [...] Seu dia era um contínuo colóquio com Deus" (TdD 395). Será assim durante toda a vida, apesar das multidões que o irão consumir. O que frei Tomás de Celano diz do pequeno Pobre de Assis vale também para ele: "Não era mais um homem que rezava, era a oração feita homem" (2 Cel 95).

Onde encontrar a razão desse ardor de Padre Pio pela oração? Não será porque, alguma vez, ele contempla Cristo em oração ininterrupta ao Pai por nós? Por meio do Espírito Santo, ele é arrastado para essa oração de Jesus pela salvação dos homens. É o que o faz dizer que a oração é "o grande negócio da salvação humana" (*PPS* 73). A fundação dos grupos de oração, que vão espalhar-se pelo mundo inteiro, é um fruto natural desta profunda visão.

Por sua oração, Padre Pio comunica a todos o estado de alma do Cristo.

Jesus, diz o Prólogo de João, está constantemente voltado para o Pai (Jo 1,1). Jesus tem um só desejo e um só alimento: fazer a vontade do Pai. Jesus roga ao Pai para que os homens entrem em sua intimidade divina.

Padre Pio toca o coração de Jesus. Com ele e nele ele reza ao Pai, pedindo-lhe uma só coisa: "Que te conheçam a ti, único Deus verdadeiro, e aquele que tu enviaste, Jesus Cristo. Esta é a vida eterna", disse Jesus (Jo 17,3).

Quarto dia

O COMBATE
DE JESUS CRISTO

"Eu costumo preparar as pedras que farão parte da construção do edifício eterno, por meio de repetidos golpes de salutar cinzel e por cuidadoso policiamento."

Jesus me repete todos os dias estas palavras a cada vez que me envia novas cruzes (*TdD* 80).

Desde sempre, Deus adverte os seus: "Meu filho, se queres servir ao Senhor, prepara-te para a provação" (Eclo 2,1). Jesus, o Servo, foi provado do início ao fim de sua estada neste mundo. "A luz brilha nas trevas, mas as trevas não a acolheram. [...] Veio para junto dos seus, mas os seus não o receberam" (Jo 1,5.11).

De uma maneira pouco comum, Padre Pio confronta-se com este mistério das trevas que se opõem à luz. Sua vida é uma luta continuada contra o mistério da injustiça que tenta imperar na criação de Deus.

Pouco tempo antes de entrar para o noviciado dos frades capuchinhos, o Senhor o adverte que terá de combater, por toda a vida, contra Satã (e seus demônios). Mas Jesus lhe diz: "Eu não permitirei que ele te vença" (PPS 30). Padre Pio qualifica os anjos decaídos com diferentes nomes: "cossacos", "brutos", "Barba azul", "apóstatas impuros" etc. Ele faz a seu respeito toda sorte de experiências que lhe provam, não apenas sua existência, mas seu poder para o mal: "Não é contra adversários de sangue e de carne que temos de lutar, diz Paulo, mas contra as soberanias e autoridades, contra os dominadores deste mundo de trevas, contra os espíritos do mal que habitam os espaços celestes" (Ef 6,12). Padre Pio vive o combate de Jesus, pois "foi para destruir as obras do diabo que o Filho de Deus se manifestou" (1Jo 3,8).

> Escutai o que, já há algumas noites, tenho de sofrer desses apóstatas impuros. Já era noite avançada quando começaram sua guerra fazendo um barulho infernal.

E segue a descrição da desordem que "esses brutos" fazem na cela do pobre frade capuchinho, furiosos por não terem conseguido fazê-lo cair na tentação de muitas comodidades e prazeres. Na provação, Padre Pio se vê assistido por seu anjo da guarda, que o orienta nessa luta.

> Jesus permite ao demônio esses ataques, porque seu amor te torna precioso a seus olhos, e ele quer que te assemelhes a ele nas agonias do deserto, do Jardim das Oliveiras e da cruz. Tu, defende-te, afasta sempre e menospreza as insinuações perversas, e quando tuas forças não forem suficientes, não te aflijas, bem-amado do meu coração, eu estarei ao teu lado.

Qualquer que seja a intensidade dos combates, quase físicos, que Padre Pio trava contra os demônios (às vezes é visto descer ao confessionário cambaleando), as lutas mais renhidas acontecem-lhe, como para qualquer ser humano, nas sombras da noite, que é onde o adversário gosta de trabalhar: tentações do espírito ou da imaginação ("Luta que se dá, na prática, diretamente entre espírito e espírito"); fraquezas e pecados dos homens utilizados como ponto de apoio para confundir o servo de Deus. Satanás sabe bem se disfarçar em anjo de luz, tomar as aparências do bem para enganar e induzir ao erro.

Nessa luta, Padre Pio continua confiante e bem-humorado. *"Tanto melhor"*, diz ele rindo, quando se vê ameaçado por alguma nova traquinagem contra sua pessoa, *"tanto melhor! Enquanto o diabo se agita, é porque ele não está satisfeito. O que nos deve preocupar é seu silêncio"* (VV 86). Com isso, ajuda os que com ele convivem a não dramatizar e lhes ensina a ver as manobras do demônio com clareza e realismo. Tem profunda convicção de que o mal não se compara com o bem. A vitória foi conquistada pelo sangue de Jesus Cristo.

Ele guarda, porém, no mais secreto de seu coração, as lutas mais duras que trava para permanecer vigilante na fé e cumprir a missão recebida. Somente as cartas escritas a seus diretores espirituais nos revelam a intensidade dessas noites interiores, particularmente nos primeiros anos de seu ministério.

> As desolações espirituais são insuportáveis... Meu coração não tem repouso. Ele quer repousar, mas não sabe onde. O vazio que sinto dentro de mim me enche de pavor. A memória não se lembra de quase nada; a inteligência, antes de tudo, busca a verdade,

mas quando lhe parece tê-la atingido e compreendido qualquer coisa, de repente ela soçobra nas mais espessas trevas. Todo o passado me parece ser uma ilusão... (*TdD* 387).

Padre Pio tem a luz para milhares de pessoas, mas não a tem para ele mesmo. "Nos caminhos do espírito, no que concerne a mim, eu sou pior que uma criança" (*TdD* 468). Então, humildemente e com toda a força de sua fé, ele se mantém sob os conselhos de seus irmãos padres, a quem confia sua alma. Isso enraivece o demônio, que usa de todos os estratagemas possíveis para criar obstáculos nessa relação espiritual. O demônio sabe o poder do sacerdócio que, pela graça de Jesus Cristo, pode desmanchar todas as suas armadilhas. Seu orgulho é sempre vencido pela humildade daquele que obedece e aceita abrir-se para quem recebeu a graça de servir às almas.

Sem o apoio de seus diretores espirituais, é certo que Padre Pio não poderia jamais suportar as provações tão longas e repetidas das noites do espírito. Como se guiar em seu caminho quando tantas dúvidas assaltam? Às vezes, tenta sair do que ele crê ser uma cegueira com relação a suas faltas. Ou, então, pensa que sua vida não passa de uma ofensa contínua a Deus. Em outros momentos, lastima-se por não amar Jesus ou se pergunta se será salvo. Ele "anseia pela luz, e essa luz nunca chega" (*TdD* 448). Sente-se incapaz de se erguer "sobre as asas felizes da esperança" (*TdD* 525). Mas, nesta alma de fogo, *"a esperança de não desesperar"* e a fé são mais fortes que tudo. Ele acredita que todas essas noites são obra de Deus em seu coração, que seu mais belo fruto é a purificação da alma para estar unida a Jesus em sua paixão. É por isso que, a exemplo do Mestre, ele reza com mais ardor ainda:

> Meu Deus, que foi minha vida diante de ti estes dias em que as mais espessas trevas me invadiram todo inteiro? E qual será meu futuro? Ignoro tudo, absolutamente tudo. Na espera, não cessarei de erguer minhas mãos em direção do Santo Lugar, durante a noite, e te bendirei sempre, enquanto me reste um sopro de vida.
>
> Ó meu bom Deus! Eu te suplico que sejas minha vida, meu barco e meu porto. [...]
>
> Sinto que o terreno que piso foge de debaixo de meus pés. Quem firma-

rá meus passos? Quem, senão tu, que és o apoio em minha fraqueza? Tem piedade de mim, ó Deus, tem piedade de mim! Não me deixes mais sentir essa fraqueza!

Que tua confiança ilumine uma vez mais minha inteligência, que teu Amor reaqueça este coração esmagado pela dor de te ofender na hora da provação! (*TdD* 411-412).

Passando pela provação, ele pode ensinar.

O mais belo ato de fé jorrado de nossos lábios durante a noite, na imolação, no sofrimento, no esforço supremo e inflexível para o bem, ele dissipa como um relâmpago as trevas de tua alma e te leva, através da tempestade, até o coração de teu Deus (*VV* 66).

Quinto dia

O AMOR
DE JESUS CRISTO

Eu me pergunto, às vezes, se existem almas que não sentem seu peito arder com o fogo divino, especialmente quando se encontram diante dele no Santíssimo Sacramento. A mim, isso me parece impossível, sobretudo se se trata de um padre, de um religioso...

Tenho tanta confiança em Jesus que, mesmo se visse o inferno aberto diante de mim e se me encontrasse à borda do abismo, eu não perderia a esperança, eu me confiaria a clc...

Se ele não me tivesse estendido a mão, quem saberia dizer quantas vezes minha fé teria vacilado, minha esperança e minha caridade se teriam debilitado, e se teria obscurecido minha inteligência, se Jesus, o eterno sol, não me tivesse iluminado!... (*TdD* 77-78).

Padre Pio é uma "sarça ardente". Seu coração queima de amor e sofre por não se consumir. Deus tomou posse de sua alma e o conduz por caminhos conhecidos por ele só. "Quero que lá onde eu estiver estejam também comigo aqueles que me deste" (Jo 17,24). A prece do Cristo realiza-se em seu servo. Totalmente entregue à vontade divina, Padre Pio nos leva a intuir a medida do duplo mandamento do amor. "Amarás o Senhor teu Deus de todo o teu coração... e teu próximo como a ti mesmo" (Mc 12,29-31). Precisamente, ele afirma que essa medida não tem limite. "A medida para amar a Deus é amá-lo sem medida" (*TdD* 229).

Ninguém, entretanto, pode amar a Deus se não o conhece, se nem sabe com que amor é amado por ele. Padre Pio conhece a Deus. O Senhor Jesus se revela a ele como a todos os que o ouvem de todo o coração. Não é nos livros que ele descobre o amor, mas na oração. Ele, certamente, lê e estuda com seriedade. E ensina a seus filhos e filhas espirituais o dever de ler, particularmente a Sagrada Escritura e as obras sérias de espiritualidade, mas ensina antes a importância primordial de orar a Deus com fé e perseverança. Pois, diz ele, "com a leitura da Sagrada Escritura e de outros livros santos e devotos, busca-se a Deus; com a meditação, a gente o encontra; com a oração, bate-se à porta de seu Coração; e, com a contemplação, entra-se no teatro das divinas belezas, aberto, pela leitura, pela meditação e pela oração, aos olhos de nossa alma" (*TdD* 177).

Por sua oração, Padre Pio é totalmente receptivo ao "Amor que é Deus". Ele pode afirmar: "A oração é uma chave que nos abre o coração de Deus, só a oração é capaz de transformar o mundo" (*TdD* 745). A oração é a expressão do desejo de amar, que se aloja no coração do homem. Ora, "o desejo de amar, 'in divino', é o amor" (*TdD* 420), explica Padre Pio a seus filhos espirituais, aos presos pela noite do espírito. Quanto a ele, carregado por seu desejo, ele vive numa verdadeira fornalha de amor. Entra num conhecimento íntimo do mistério trinitário, mas sofre, como todos os místicos, duras penas para descrevê-lo. Ele conduz seus leitores e ouvintes ao limiar do mistério. E, mais que o revelar, leva a pressenti-lo, por uma linguagem inflamada de amor para com aquele com quem se encontra em contínuo colóquio. "A alma vê esses segredos celestes, essas divinas perfeições muito mais claramente que quando nós vemos nossa imagem num espelho" (*TdD* 92).

Seu encontro com o Deus todo amor faz arder-lhe o desejo de amar segundo horizontes mais amplos e verdadeiros (*TdD* 93-94). A consciência de sua indignidade não o derrota. Ele descobre quanto é sublime o Benfeitor de sua vida e se vê como um devedor de dívida impagável em face dessa superabundância do Amor divino. Progride assim no amor do Senhor e sofre pelo fato de tantas almas viverem sem conhecer seu Deus e não o amarem com um amor verdadeiramente gratuito. Descobre que o duplo mandamento do amor não é senão um só. E, com João, conclui que aquele que ama a Deus em verdade e se deixa amar por Ele é levado a amar a seu próximo como o Cristo o amou. Então, "que [sua] alegria seja completa" (1Jo 1,3-4).

Entretanto, enquanto se está sobre esta terra não há o que satisfaça o desejo de amar. O tormento do amor dura enquanto não se é por inteiro consumido.

> Ó Deus, Soberano de meu coração. Ó único centro de minha felicidade, quanto tempo ainda deverei esperar antes de gozar, sem véu, de tuas inefáveis belezas? Tu me transpassas a alma com os dardos de teu amor e és esse cruel

que abres em meu coração profundas feridas, embora não aparentes; tu matas, sem que com isso te preocupes em me ressuscitar em tua pátria!... (*TdD* 289).

Quanto mais este fogo cresce na alma de Padre Pio, mais cresce também nele o desejo de salvar todos os homens. Sobre a foto dos cinquenta anos de sua tomada de hábito, ele escreve: "Que deseja minha alma senão conduzir todos a ti, ó Senhor, e suportar pacientemente este fogo devorador que queima todas as minhas entranhas no 'Cupio dissolvi' (desejo de ser consumido)?" (*TdD* 733).

Quem faz a experiência de tal amor, o amor do Mestre, descobre o mistério do sofrimento e do abandono. Em meio aos ataques diabólicos e de males de toda sorte, Padre Pio penetra nesse grande mistério do amor que sofre. Não o amor do sofrimento pelo sofrimento. *"Meu filho,* diz um dia Jesus a seu servo, *o amor se conhece na dor; tu a sentirás muito viva em teu espírito, e a sentirás mais forte ainda em teu corpo"* (*TdD* 78). Apesar de lhe serem obscuras essas palavras, Padre Pio as acolhe e espera por seu Senhor. Amar não é, como Jesus, estar pronto a tudo sofrer, a tudo entregar? "Ninguém tem maior amor do que este: dar a vida por seus amigos" (Jo 15,13). É por isso que Padre Pio escreve a um de seus filhos espirituais que, "para amar verdadeiramente a Jesus, é preciso ser outro Jesus!" (*TdD* 69) e, portanto, receber em seu coração o coração de Jesus. Nada disso se pode viver sem a graça.

A maior segurança está, pois, no abandono à obra de Deus. Quando chegam as trevas e as aflições, Padre Pio diz a ele mesmo que "é difícil de acreditar" (*TdD* 349). Mas é o que faz então com toda a força de seu ser, até o heroísmo. Prefere morrer a não amar a Jesus. Sua fé o conduz ao maior abandono, à adesão mais profunda acima de toda compreensão do espírito.

> Todos os tormentos desta terra, reunidos em um só feixe, eu os aceito. Ó, meu Deus, eu os desejo como minha partilha, mas jamais me poderei resignar a me separar de ti por falta de amor... Ó, meu Jesus, que jamais aconteça de eu perder o tesouro tão precioso que tu és para mim. Meu Senhor e meu Deus, muito viva está em minha alma esta inefável doçura que emana de teus olhos e que tu, meu Bem, num olhar de amor, te dignaste lançar sobre este pobre pequeno infeliz... (*TdD* 299).

Sexto dia

O SACERDÓCIO DE JESUS CRISTO

> Jesus, meu alento e minha vida,
> hoje, trêmulo, eu te ergo
> num mistério de amor que,
> contigo,
> eu sou para o mundo
> caminho, verdade, vida,
> e, por ti,
> sacerdote santo
> e vítima perfeita (*TdD*52).

Estas poucas palavras escritas sobre sua foto de ordenação mostram toda a alma do sacerdote que é Padre Pio. As multidões acorrem a ele por que ele é sacerdote com intensidade e profundeza pouco comuns. Certo, ele carrega as marcas da Paixão de Jesus. O "extraordinário" inegavelmente atrai a grande maioria, tanto o bom como o ruim... Mas a gente conhece a árvore por seus frutos. A santidade de alma do sacerdote Padre Pio é mais verdadeira que os estigmas, que não passam de simples sinal dessa santidade.

Sacerdote, ele o é em plenitude. Não trabalha senão em atividades pastorais com as quais pode arcar. Segundo as aptidões de cada padre, essas atividades são muito numerosas e diversificadas. O importante são a unidade e a fecundidade de toda ação sacerdotal.

A esse respeito, afirma o Concílio Vaticano II: "Em verdade, o Cristo, para continuar a fazer sempre no mundo, pela Igreja, a vontade do Pai, serve-se de seus ministros. É, pois, ele que permanece para sempre a fonte e o princípio de unidade de sua vida. Os sacerdotes realizarão essa unidade de vida ao se unirem ao Cristo na descoberta da vontade do Pai e no dom de si mesmos pelo rebanho que lhes é confiado. [...] Esta caridade pastoral provém, antes de tudo, do sacrifício eucarístico; ele é, pois, o centro e a raiz de toda a vida do sacerdote, cujo espírito sacerdotal se esforça por interiorizar aquilo que se realiza no altar do sacrifício. Isso não é possível a não ser que os sacerdotes, pela oração, penetrem cada vez mais profundamente no mistério do Cristo" (*PO* 14).

Eis bem o "programa" de Padre Pio, sacerdote. Seu amor, inato, radical, pelo Cristo: "Jesus, meu alento e minha vida". Sua união ao mistério que ele celebra todos os dias como sacerdote: "Hoje, trêmulo, eu te ergo num mistério de amor...". Sua conformidade com Jesus por seus irmãos, os homens: "Que, contigo, eu sou para o mundo caminho, verdade, vida e, por ti, sacerdote santo e vítima perfeita".

Em poucas palavras, Padre Pio não se engana nem engana a ninguém. Só Jesus é o Caminho, a Verdade e a Vida, o caminho que leva ao Pai (Jo 14,6). Jesus é só ele o único grande sacerdote, mediador entre Deus e os homens (Hb 4,14). Mas, em sua humildade, Cristo quer servir-se de seus sacerdotes para guiar seu povo em direção à casa do Pai. Por meio deles, o Cristo quer alimentar com sua vida os homens, seus irmãos.

Independentemente da santidade de seus ministros, Jesus se doa. E o sacerdote é chamado a não se fazer senão um com Jesus. Sua missão de sacerdote exige que penetre cada vez mais na verdade do mistério do Cristo, para deixar passar a vida de Cristo através de todo o seu ser e de suas ações. Durante a atual liturgia de ordenação, quando o bispo entrega a patena e o cálice ao novel sacerdote, ele lhe diz: "Recebe a oferenda do povo santo para apresentá-la a Deus. Toma consciência disso que farás, vive o que executas e conforma-te ao mistério da cruz do Senhor".

Padre Pio tem viva consciência dessa exigência de santidade sacerdotal. "Tu viste as lágrimas de amargura que inundavam minhas faces... diz ele a Jesus. Prefiro morrer a faltar a teu chamado. Tu me escolheste aos olhos de todos; desde então, confiaste a teu filho uma missão tão grande que não é conhecida senão por ti e por mim... Completa em mim a obra que começaste. Sim, íntima e assiduamente, ouço tua voz que me pede e me diz: Santifica-te e santifica!..." (*TdD* 38).

A santidade está no coração de toda caminhada cristã. "Esta é a vontade de Deus: a vossa santificação" (1Ts 4,3). Para a vida de santidade, é necessário aos cristãos o ministério sacerdotal. É por isso que Jesus pede a Padre Pio: "santifica-te e santifica!". Isso vale para todo sacerdote.

Certo dia, Jesus revela a Padre Pio sua imensa confiança com relação a seus ministros. Mas é no sofrimento que ele o faz. Os homens, com efeito, respondem mal a seu amor e facilmente se tornam indolentes. Jesus está abandonado no sacramento do altar, ninguém conhece seu coração misericordioso.

> Mesmo meus ministros, diz Jesus,
> que todos os dias olho com predileção,
> que tenho amado como a pupila dos

olhos: eles, eles deveriam reconfortar meu Coração cheio de amargura; eles, eles me deveriam ajudar na redenção das almas. Ao contrário – quem o creria? –, eu devo receber ingratidão de parte deles, eles não me conhecem mais, [...] fazem pouco caso das luzes e das forças que lhes concedo continuamente...

Meu filho, preciso de vítimas para acalmar a justa cólera de meu Pai; refaze-me o sacrifício de ti mesmo e faze-o sem a menor hesitação (*TdD* 83-84).

Algumas semanas mais tarde, Jesus, *"em miserável estado e todo desfigurado"*, mostra-se de novo a Padre Pio. "Meu filho, não creias que minha agonia tenha durado apenas três horas, não; por causa das almas que mais tenho enriquecido, eu estarei em agonia até o fim do mundo. Durante o tempo de minha agonia, meu filho, não convém dormir. Minha alma vai em busca de qualquer gota de piedade humana; mas, ai, eu estou sozinho sob o peso da indiferença. A ingratidão e a sonolência de meus ministros tornam mais pesada minha agonia. Ah, como eles respondem mal a meu amor!" (*TdD* 86-87).

Estas visões e estas palavras fazem crescer o amor sacerdotal de Padre Pio. Nas palavras ouvidas, ele não vê a condenação, mas a sede de almas que jorra do coração de Jesus (cf. Jo 19,28).

Junto com o Senhor, ele quer ser para seus irmãos "caminho, verdade, vida". Pela oração, pela Eucaristia, a confissão e a direção espiritual, ele se torna pai de uma multidão. Muitos encontram, por meio de seu sacerdócio, o caminho da casa do Pai.

E, por Jesus, ele quer ser "sacerdote santo, vítima perfeita". Padre Pio não procura o sofrimento, mas o amor. É o amor que salva, não o sofrimento. Doa-se todo inteiro como vítima, para se fazer um só com o Amor perfeito. E, em face da oferenda de seu sacerdote, Jesus não pode senão derramar os frutos superabundantes da única oferenda que salva, aquela que ele fez uma vez por todas, na Sexta-feira Santa. Misteriosamente, Jesus associa os seus à sua oferenda, não por necessidade, mas por amor. "Tudo o que se passa contigo é resultado do amor. É uma provação, é uma vocação a ser corredentor", escreve-lhe padre Benedito (*TdD* 535).

A oferenda do sacerdote em Jesus Cristo reúne a oferenda de todo batizado.

"Pela misericórdia de Deus, eu vos exorto, irmãos – escreve o apóstolo Paulo –, a oferecer vossos corpos como sacrifício vivo, santo e agradável a Deus, pois este é o vosso culto espiritual" (Rm 12,1). Beneficiados pelo sacerdócio ministerial de Padre Pio, milhares de fiéis leigos descobrem seu próprio sacerdócio. Muitos, em pleno mundo, oferecem-se a Deus, em Jesus Cristo, e pelos homens, por uma vida santa. Que fecundidade para a Igreja!

Sétimo dia

A OBEDIÊNCIA DE JESUS CRISTO

Será que para mim este estado é uma graça ou significa um abandono eterno, um perpétuo afastamento de Deus de minha frente, por causa do desgosto que lhe causei com minha vida?

Encontrará meu espírito em Deus um Pai cheio de amor, que sempre o acolhe, ou, ao contrário, um juiz severo que o condena? Eu não estou em condição de o saber. Terrível escuridão! Incerteza assustadora! Já quase não posso mais: a mão de Deus está pesando demais sobre mim, e a morte para mim seria um alívio [...] (*TdD* 259-262).

Em meio às lutas com a noite do espírito, Padre Pio escreve ao padre Agostinho. Procura explicação e consolo. Apesar dessa ajuda, as trevas persistem. Antes, padre Benedito já lhe havia respondido a esse respeito. Mas Padre Pio não encontra a paz. Ele se une misteriosamente a Jesus na obediência que o levou à crucificação. Sua carta, datada de 1915, revela-nos seu estado de espírito. Misteriosa comunhão com Jesus que grita pendente da cruz: "Meu Deus, meu Deus, por que me abandonaste?" (Mt 27,45).

"Este acontecimento, comenta João Paulo II, permanece como o mais decisivo na história dos homens. Se não houvesse acontecido a agonia de Deus sobre a cruz, a verdade de que Deus é Amor estaria suspensa sobre o vazio" (*CE* 113).

Jesus não tem outro desejo senão o de fazer a vontade do Pai. Ele é dependência amorosa total da atenção de seu Pai. Ele é filho, o Filho por excelência, o Filho único e bem-amado do Pai. Por nós, aceitou fazer-se pecado (2Cor 5,21). Isso significa que ele carrega no mais íntimo de si mesmo um estado de alma totalmente oposto ao seu: nosso pecado, todos os nossos pecados, que são tanto de recusa de Deus como de vontade de nos tornarmos deus para nós mesmos. Em sua alma infinitamente pura, o santo dos santos recebe toda a abjeção dos pecados dos homens. É uma dilaceração do mais íntimo da alma. A amargura o esvai. Eis o Amor em pessoa que mergulha no não amor dos homens. Jesus sente a justa cólera do Pai, essa incompatibilidade absoluta entre o pecado e a justiça infinita de Deus. Abismo insondável de sofrimento, que nenhum homem, mesmo um santo, poderá jamais medir. Na maior escuridão de sua agonia, Jesus não cessa de se voltar para seu Pai e de se dirigir a Ele. "Foi ele que, nos dias de sua vida mortal, dirigiu orações e súplicas, com veemente clamor e lágrimas, àquele que podia salvá-lo da morte e foi atendido por causa de sua submissão. E, embora fosse Filho, pelos sofrimentos suportados, aprendeu a obediência" (Hb 5,7-8).

Padre Pio entra cada vez mais profundamente nessa dolorosa paixão do Senhor. Diante de tudo o que sente, e que tem o trabalho de relatar a seu pai espiritual, ele se questiona. Vê com clareza seus próprios pecados. Está na incompreensão de Deus e não sente qualquer consolação que lhe possa trazer a menor esperança. A dor é tão grande que gostaria de se esconder. Já não ousa, com efeito, estar diante de Deus e de seus irmãos, em razão da indignidade que o oprime. Só ele, que trilha esse caminho, pode compreender e saber que o que ele relata é verídico. Não é exagero de uma alma por demais delicada ou por demais centrada nela mesma.

Estado lamentável que me enche de extrema confusão! Eu gostaria de esconder-me aos olhos de Deus, aos olhos de todas as suas criaturas, gostaria de esconder-me de mim mesmo, tão grande é o sofrimento que me acarretam minhas misérias, minha imperfeição, minha pobreza, que me prendem o espírito completamente submerso em trevas. [...]

Meu espírito está mergulhado em escuras trevas e meu corpo não está fora de tudo isso [...].

Deus, entretanto, ameniza a tempestade para seu filho e o deixa entrever algum raio fugitivo de sua luz. Momentos efêmeros que, mesmo assim, não eliminam da noite da alma sua pungente dor. No entanto, todas as explicações dos pais espirituais, por mais que necessárias, deixam Padre Pio completamente só em seu sofrimento. Ele é, assim, Jesus a caminho do calvário.

Mas viva Deus! Se ele não quer moderar esses sofrimentos, sobretudo quando são mais violentos, logo a vida se esvairá, mas é só de quando em quando que experimento essa dor íntima. [...]

Como vedes, estou sozinho subindo os caminhos do Calvário, privado de todo socorro celeste e de todo socorro humano. Se ao menos eu pudesse rezar e gritar! Parece-me que Jesus recusa minha oração. Ele me ameaça e me atrai para as trevas e não para a luz.

Ele me revela toda a minha pobreza com a vara de sua indignação. Faz sem cessar cair sobre mim sua mão, que é tão pesada, tão insuportável que, como disse Jeremias, "minha pele e minha carne envelhecem, meus ossos são triturados".

A obediência que leva a tal aniquilamento é a obediência de amor. No mais secreto do sofrimento, malgrado o incômodo daquele que o suporta, Padre Pio reconhece a mão do Pai. "Não hei de beber o cálice que o Pai me deu?", diz Jesus a Simão Pedro, no Jardim das Oliveiras (Jo 18,11).

Ó, meu Pai, como é pesada esta divina mão! Mesmo assim, ela é a mão de um Pai cheio de amor! Como será esta mesma mão, para os infelizes, para os que estão no inferno?

Eu rezo, mas me parece que sua mão me rejeita. Ele me encerra nas trevas, como aqueles que estão mortos para sempre. Sua mão levanta uma muralha ao meu redor e me cerca só de amargura e de desgosto. Já não posso suportar sua mão. Ela me aperta cada vez mais violentamente em suas amarras. Esta mão bendita transtorna tudo, tudo quebra e me deixa totalmente desolado. Com isso, que quer fazer de mim o Senhor? Será que, em seus caminhos, minha meta está perdida? Entretanto, do fundo de meu coração, elevo para Deus minha humilde prece: "Lançaria ele toda a sua força nessa luta contra mim? Não, ele me prestaria atenção" (Jó 23,6). Eu me volto para vós para que, com franqueza e com toda a sinceridade, me recomendeis ao Senhor. [...]

Será mesmo que eu amo a meu Deus?

Sim, Padre Pio ama. Mas não sabe. Ele não o sente. Dirá isso mais tarde. "Deus é tão incompreensível, tão inacessível que, quanto mais uma alma penetra nas profundezas de seu amor, mais diminui o sentimento desse amor, a tal ponto de lhe parecer não mais amar... Crede-me: quanto mais uma alma ama a Deus, menos ela o sente" (*VV* 67).

O amor se fez obediente até a morte. Essa obediência tem um nome: abandono. Abandonar-se é amar. Sobre a cruz, Jesus expressa isso por sua última palavra e por seu último gesto, que são uma coisa só: "'Pai, em tuas mãos eu entrego o meu espírito'. Dizendo isso, expirou" (Lc 23,46).

Oitavo dia

AS CHAGAS DE JESUS CRISTO

Jesus me diz que, no amor, é ele que me ama; nas dores, ao contrário, sou eu que o amo. Agora, desejar a saúde será procurar a alegria para mim e não a glória de Jesus. Sim, eu amo a cruz, só a cruz. Amo porque a vejo sempre sobre os ombros de Jesus. A partir de agora, Jesus vê muito bem que toda a minha vida e meu coração todo inteiro estão consagrados a ele e a seus sofrimentos.

Ai, meu Pai, perdoai-me se tenho essa linguagem. Só Jesus é capaz de aquilatar a dor que sofro na hora em que se apresenta para mim aquela cena do Calvário. Ninguém pode compreender o alívio que se dá a Jesus, não apenas se compadecendo de suas dores, mas quando ele encontra uma alma que, por amor a ele, não procura ser consolada, mas, ao contrário, ser participante de suas dores.

Quando Jesus me quer fazer saber que me ama, ele me faz gostar de sua Paixão, das chagas, dos espinhos, das angústias... Quando me dá alegria, ele me enche o coração desse espírito que é todo inteiro fogo e me fala de suas delícias. Mas, quando quer ser amado, me fala de suas dores e me convida, numa voz que é ao mesmo tempo súplica e ordem, a lhe oferecer meu corpo para aliviar suas próprias penas... Jesus, homem das dores, gostaria que todos os cristãos o imitassem! (*TdD* 82-83).

Quando escreve ao padre Agostinho que está "crucificado no amor" (*TdD* 228), Padre Pio fala de uma alegria inexprimível e de uma dor muito grande. Não sabe o que o Pai do céu opera em sua alma, mas se sente tocado pelo mistério de alegria e de dor de Jesus na cruz.

"Não era necessário que Cristo sofresse estas coisas para entrar em sua glória?" (Lc 24,26).

"Aquele que quiser seguir-me renuncie a si mesmo, carregue sua cruz e me siga" (Mt 16,24).

Como estas, outras tantas palavras de Jesus como que sufocam nosso coração e nossa inteligência. A menos que, presos por Cristo, como o apóstolo Paulo, nós possamos dizer: "Agora me alegro com os sofrimentos que suporto por vós e vou completando em minha carne o que falta aos sofrimentos de Cristo, em favor de seu Corpo, que é a Igreja" (Cl 1,24).

A cruz, todavia, quase sempre permanece para nós uma pedra de tropeço. Essas palavras são muito duras. Nossa tentação é fugir, mas "a quem iremos, Senhor? Tu tens palavras de vida eterna" (Jo 6,68). Sim, deixemos o Pai nos atrair por seu Espírito Santo. Compreenderemos, então, quanto essas palavras são as do verdadeiro caminho.

Padre Pio nos diz, com efeito, que ama a cruz porque ele a vê sempre sobre os ombros de Jesus. Ele contempla o Amor em pessoa. O Amor carregou sobre si todos os crimes da humanidade, desde os primeiros até os últimos pecados cometidos neste mundo. Como, pois, não poderia ele, o servo do Senhor, consagrar-se "a Jesus e a seus sofrimentos"? Pois os sofrimentos de Jesus são a mais alta expressão de seu amor. Amar o Cristo à sua mesa e não amá-lo sobre a cruz é amá-lo pela metade.

> Como é doce, ó Pai, a palavra "Cruz". Aqui, ao pé da Cruz de Jesus, as almas se revestem de luz, inflamam-se de amor. Aqui elas tomam suas asas para alçar os mais altos voos.

Que esta Cruz seja sempre para nós o leito de nosso repouso, a escola da perfeição, nossa herança bem-amada. Para isso, vigiemos para não separar a Cruz do amor por Jesus, senão a Cruz sem o amor se tornará um peso que nossa fraqueza não poderá suportar (*TdD* 253).

A cruz é a escola do amor. À sua visão, Francisco de Assis suplicou com todo o seu ser para conhecer não somente a dor, mas o amor sem medida que abrasava Jesus e o levou a viver voluntariamente tal Paixão por nós, pecadores (cf. 3ª CsS 1232).

Entregando-nos seu Filho, como o Cordeiro que tira o pecado do mundo, Deus não nos podia amar mais. Ó amor insondável e inexprimível. Ó Deus, "tu viste a fadiga e a aflição e estás atento para retribuir com tuas mãos" (Sl 10,14). Jesus fez mais que tomar em suas mãos todas as nossas doenças e nossos sofrimentos. Ele os carregou em sua alma até a amargura de uma morte de escravo. Na alma do Cristo, nossos pecados não encontraram senão o amor e a misericórdia. Neste coração ardente de amor, foram quebradas, destruídas, todas as cadeias do pecado. A morte está morta sobre a cruz. Jesus desceu ao mais baixo de nossa condição humana para vencer o mal pela raiz. Sim, a vontade do Pai é uma vontade de amor. Em seu Filho, Deus se entrega todo inteiro e nos atrai para ele.

Como contemplar o mistério de nossa redenção e não desejar estar unido a tal amor, até os sofrimentos? Aquele que ama verdadeiramente não tem senão um desejo: tornar-se um só com a pessoa amada. Não é o sofrimento que Padre Pio procura, é o amor que salva porque toma sobre si o peso que esmaga os filhos do Pai dos céus. E Padre Pio pede a Jesus: "Prende-me contigo sobre a cruz, para eu te ajudar a salvar o mundo!" (*TdD* 409).

Esta prece atinge Jesus no seu mais precioso desejo em relação ao homem: que o homem ame como ele, Jesus, ama. Por isso, Jesus atende seu servo e lhe concede as marcas físicas de sua Paixão. Onde encontrar a razão de uma partilha assim senão no próprio Amor? Pelo sacrifício do Cristo, a salvação do mundo inteiro foi conquistada total e definitivamente. Jesus é, só ele, o único Salvador, porque só Deus podia carregar sobre ele o pecado do mundo. Só Deus pode tirar um bem de um mal. Mas este amor está aberto à participação. "Sim, escreve João Paulo II, isso parece fazer parte da essência mesma do sofrimento do Cristo, que tende a ser incessantemente completado" (SD 24). A maior prova de amor do Cristo é a de tornar um de seus filhos participante desse amor supremo, que se oferece até o suplício da cruz. Deus nos criou "cocriaturas" e nos quer também "corredentores". Ó loucura do Amor, que em tudo associa seus filhos à sua vida.

"Jesus, homem das dores, gostaria que todos os homens o imitassem!" É esta a alegria de todos os mártires cristãos.

Jesus crucificado chama todo homem sofredor a repousar nele: "Vinde a mim, vós todos que estais cansados e oprimidos, e eu vos darei descanso" (Mt 11,28). Mas Jesus abre também seu coração que sofre às almas generosas, tanto quanto elas são capazes de o receber. Padre Pio pode dizer com o apóstolo Paulo: "Estou crucificado com Cristo, e já não sou eu que vivo: é Cristo que vive em mim. Esta minha vida humana, eu a vivo na fé do Filho de Deus, que me amou e se entregou por mim" (Gl 2,19-20).

Nono dia

A EUCARISTIA DE JESUS CRISTO

Mas o que mais me fere é o pensamento sobre Jesus no Santíssimo Sacramento. O coração se sente atraído por uma força superior antes de se unir a ele, de manhã, no Sacramento. Eu sinto tal fome e tal sede antes de recebê-lo, que pouco me falta para morrer de inanição. É justamente porque não me posso unir a ele senão algumas vezes, com a febre em mim, que sou obrigado a me alimentar de sua Carne.

E esta fome e esta sede, longe de se aquietarem depois de o haver recebido no Sacramento, aumentam ainda mais. Enquanto estou de posse do Soberano Bem, é tão grande a plenitude da doçura que pouco falta para eu dizer a Jesus: "Basta, não aguento mais!" Quase esqueço que estou no mundo; o espírito e o coração, às vezes por longo tempo, nada mais desejam, e mesmo por minha vontade nada me faz querer outra coisa (*TdD* 61-62 e PL 139).

Porque é o Pão da vida, Jesus promete que todo aquele que vem a ele não terá mais fome e todo aquele que nele crê não terá mais sede (cf. Jo 6,35). Padre Pio jamais se saciou com a comunhão do corpo e sangue do Cristo. Todo o seu ser está voltado para a plena realização daquilo que é celebrado e prometido em cada eucaristia: a plenitude da vida. Ele propriamente se entrega ao mistério da eucaristia. Os fiéis, que participam da missa que ele celebra, ficam fascinados. Eles não veem o que Padre Pio vê. Não ouvem os diálogos entre Jesus e seu sacerdote. Não penetram no mistério de crucifixão que se dá ali. Eles veem um sacerdote, como todos os outros sacerdotes, celebrar a mesma liturgia. Mas o veem imerso em sua oração, ao mesmo tempo que totalmente presente a todos os que estão presentes. Uma possante irradiação emana de toda a pessoa desse sacerdote, como de todos os gestos que ele faz em nome do Cristo e da Igreja. Ninguém fica indiferente. "Não se pode assistir à missa de Padre Pio. É preciso ali entrar e participar" (*TdD* 715), testemunha o padre João Derobert. "Uma missa do Padre Pio faz mais bem que uma missão", afirmará o Papa Paulo VI (*PPS* 210).

Quando Padre Pio celebra os santos mistérios, ele vive o que ensinou numa festa de *Corpus Christi*: "Jesus se entregou a nós inteiramente e sem limites. Esforcemo-nos por fazer o mesmo com ele e saibamos nos doar a ele com o mesmo amor. Nós sabemos bem o que ele nos dá entregando-se a si mesmo. Ele nos dá o paraíso" (*PPS* 255). Padre Pio realiza, com relação à eucaristia, o ensinamento de Francisco de Assis: "Não guardes para ti nada de ti, para que te receba todo inteiro Aquele que todo inteiro a ti se doa" (*LO* 29).

Pela eucaristia, Jesus se entrega totalmente, presente em seu mistério de morte e de ressurreição. "Tomai e comei, isto é meu corpo. Tomai e bebei, pois este é o meu sangue, o sangue da aliança, que é derramado por muitos para a remissão dos pecados" (Mt 26,26.28). O sacrifício de Jesus, vivido da Quinta-feira Santa até a manhã de Páscoa, é atualizado. Tanto quanto pode, Padre Pio tem plena consciência do mistério e vive com todo o seu ser esta presença real de seu Senhor, que salva o mundo na hora do Gólgota.

A eucaristia, "fonte e ápice de toda a vida cristã" (LG 11), permite viver o ponto alto de toda a história dos homens, o ponto central de onde toda essa história tira seu sentido e sua dimensão. Não há ação maior para a Igreja do que celebrar a eucaristia. Que exigência esta para que todo cristão em sua vida venha ali beber, como na fonte de sua vida, e para que tudo o que ele vive a ela conduza como a uma meta! "É necessário todo um dia para se preparar para a eucaristia e todo um dia para dela viver", gosta de dizer Padre Pio.

Os místicos veem o que nós, pobres cegos, não vemos, por falta de fé ou porque vivemos de forma muito rotineira. Jesus, em seu amor infinitamente delicado, deixa-nos muitas vezes a alegria dos mistérios celebrados e guarda para ele o sofrimento. Chama alguns, entretanto, para a ele se juntarem na cruz. Mas nos pede a todos ao menos que não o esqueçamos e que estejamos verdadeiramente presentes.

Quando celebra, Padre Pio vê e vive a paixão de Jesus, do Jardim das Oliveiras à crucificação.

O sacerdote inicia a missa lembrando todas as necessidades dos homens pecadores, diante do mal: "Senhor, tende piedade". Pela primeira oração, chamada coleta, ele leva essas necessidades até Jesus, que se fez pecado por nós.

A liturgia da palavra quase sempre faz Padre Pio chorar. Por que será? "E te parece pequena coisa, responde ele, que um Deus fale com suas criaturas? Que ele seja contradito por elas? E que seja continuamente ofendido por sua ingratidão e incredulidade?" (*PPTD* 39).

No ofertório, Jesus se oferece a seu Pai. Ele sua sangue e água, mas agradece, para a salvação dos homens. Em sua eucaristia, o Cristo associa-se a seu corpo, que é a Igreja. Então, ao longo de toda a oração eucarística, Padre Pio entra em cada um dos momentos da paixão, até a consagração, que corresponde ao momento da crucificação. "Durante a celebração da Santa Missa, eu estou suspenso na cruz com Jesus e sofro tudo o que sofreu Jesus sobre o calvário, tanto quanto é possível à natureza humana" (*TdD* 700).

Depois da consagração, Jesus na cruz nos dá, com a Virgem Maria e os santos, todos os frutos de sua vida oferecida. Ele faz isso pelos vivos e pelos mortos, por todos os homens dispersos e longe dele e por aqueles que o buscam com justiça. E aí Padre Pio se detém demoradamente. Reza por todos os que moram em seu coração de sacerdote. Nesse momento, alguns fiéis se sentem compelidos por uma força irresistível a fazer uma mudança radical em suas vidas.

Quando proclama a doxologia final da oração eucarística, "Por ele, com ele e nele", o sacerdote sustenta em suas mãos Jesus crucificado e ressuscitado, todo inteiro, aquele que recapitula em sua pessoa toda a história dos homens e o homem todo. Jesus pede pela unidade de todos nele. É aberta a porta em direção à mansão do Pai.

A alegria dos filhos de Deus pode agora explodir na oração do Pai-Nosso. Os presentes podem alimentar-se do corpo e do sangue de Jesus. Por sua paixão, ele conquistou para todos a dignidade de filhos do Pai.

O pão eucarístico é o alimento da vida eterna, o pão dos anjos, o alimento da eternidade. Nesse sentido, ele é o pão daquele amanhecer que durará para sempre. É o pão do paraíso todo dia doado para nutrir em nós desde já a vida indestrutível iniciada em nosso batismo. "Isso que nossas mãos tocaram do Verbo da vida, [...] nós vos anunciamos, a fim de que também vós estejais em comunhão conosco. E nossa comunhão é com o Pai e com seu Filho Jesus Cristo" (1Jo 1,1.3).

Décimo dia

OS PECADORES, FILHOS MUITO AMADOS DE JESUS CRISTO

Deus quis fazer de mim um exemplo de graça, ele quer me colocar como modelo para todos os pecadores, a fim de que nenhum deles desespere.
Que os pecadores fixem, pois, os olhos sobre mim... (*TdD* 116).

No Evangelho segundo Lucas (Lc 15), as parábolas da ovelha perdida, da dracma perdida e do filho pródigo formam um admirável tríptico: o do Pai das misericórdias. Esse quadro, pintado por Jesus, leva-nos a compreender o ardente amor de Deus atento a todo homem e seu veemente desejo de não perder nenhum deles. Nossos corações, no entanto, são lentos em crer. Eles têm necessidade de ver o Evangelho em ato. Por isso, Deus não cessa de suscitar, no meio dos seus, almas inflamadas, sinais visíveis de sua presença. Instrumentos eficazes de sua graça, eles o ajudam a reunir seus filhos dispersos. Padre Pio está entre estes. "Verdadeiramente, é um homem extraordinário", disse um dia o Papa Bento XV a respeito de um desses homens que, para converter as pessoas, Deus de tempos em tempos envia à terra. Segundo palavras do próprio Padre Pio, ele é "uma criatura da qual o Senhor se serve para suas misericórdias" (*TdD* 635). De fato, ao recusar seu pedido de não deixar aparecer seus estigmas, Jesus lhe diz: "Eu os dei a ti para atrair as almas".

Na oração, Padre Pio vai misteriosamente à procura das almas mais distantes, mediante os dons carismáticos recebidos do Senhor. Sem negligenciar qualquer pessoa, ele vive e sofre pelos "grandes peixes". "Padre, eu não acredito em Deus", diz-lhe um penitente. "Mas Deus, meu filho, acredita em você", responde o padre. "Padre, eu tenho muitos pecados, não tenho mais esperança, diz outro. "Meu filho, retruca Padre Pio, Deus persegue sem tréguas as almas mais obstinadas: você lhe custou muito caro para que ele o abandone" (*VV* 109).

Padre Pio luta com o Senhor para obter a conversão dos pecadores. Por um ele suplica: *"Ó Jesus, converte este homem!..."* E argumenta a respeito de outro: *"Tu queres puni-lo!.. Não, Jesus... pune a mim... Tu não deves puni-lo! Eu não te disse que quero oferecer-me por todos?" (PPS* 61).

Para o bem das almas, ele não só está pregado na cruz de Jesus, mas é prisioneiro do confessionário. Ao deixarem-no, seus penitentes saem pacificados e felizes. Eles experimentam, a partir de então, uma alegria que ninguém lhes pode roubar. Por esse tesouro escondido, muitos não receiam vender tudo e começar a viver uma vida totalmente nova.

Um desses penitentes dá o seguinte testemunho: "Eu que, já há quarenta e cinco anos, não punha os pés na igreja, a não ser para ali admirar obras de arte; eu, um cético, um ateu, eu não trocaria esta manhã por todo o ouro do mundo. Não ouso questionar esta força nova e maravilhosa que me invadiu bruscamente, nem a luz fulminante que iluminou meu espírito. Ao sair da igreja, senti-me leve e feliz como jamais me senti em toda a minha vida. Todo o meu ser era carregado pela bondade. O homem sem Deus é um ser mutilado" (*VV* 133).

O sacrifício de Cristo é o preço dessa alegria. Padre Pio é testemunha disso. Carrega junto de si este mistério da alegria e da vida verdadeira, jorradas do coração transpassado de Jesus, como ele escreve: "As almas! Oh, as almas! Se a gente soubesse o preço que elas custam" (*VV* 133). Da mesma forma, aos mais próximos ele confia que sofre com Jesus "tanto quanto pode sofrer aquele que tomou toda a humanidade sobre seus ombros". Afirma também, por experiência: "Não se compreenderá jamais o que quer dizer: revoltar-se contra Deus" (*TdD* 709).

Esse senso de pecado e de sua ressonância no coração do Cristo dá a Padre Pio um ardor e uma força pouco comuns para ouvir confissão. Ele sabe ser firme. Às vezes, parece ser duro e trata com secura este ou aquele penitente, mas sempre visando o bem. Todos os habitantes de San Giovanni Rotondo sabem disso. Jamais se viu um penitente mal atendido no confessionário do padre estigmatizado, nem alguém sair dali sem que estivesse totalmente arrependido.

Padre Pio lê as almas. É continuamente assistido pela Virgem Maria e por Francisco de Assis. Esses dons facultam-lhe trabalhar com a precisão de um cirurgião. Assim, depois de ter ajudado um penitente a reconhecer não somente todos os seu pecados, sem omitir nenhum, mas também a gravidade deles, ele lhe diz: "Você cantou os louvores de Satã, enquanto Jesus, em seu amor infinitamente terno, quebrou o pescoço por você" (*VV* 44).

A seu provincial, que o fez repensar sua dureza diante de alguns penitentes, ele responde: "Como é possível ver Deus entristecer-se com o mal e não se entristecer com ele?" E acrescenta: "Não podeis imaginar como rezo por esses a quem dei uma penitência justa, mas dura. Eu acompanho todos os meus penitentes como se fosse sua sombra" (*EI*).

O coração do homem reluta em entrar na engenharia da misericórdia de Deus. Depois da criação do mundo e do pecado original, o homem suspeita que Deus não quer dar de seu amor ou, então, quer se manter fechado em uma justiça severa e fria. A solicitude que Padre Pio tem pelas almas no confessionário repousa sobre um equilíbrio perfeito que há em Deus, que faz com que "amor e verdade se encontrem, justiça e paz se abracem" (Sl 85,11).

Deus faz justiça. Ele denuncia o pecado do homem, porque este é um grave atentado contra sua bondade e contra a beleza da criatura. Se, entretanto, Deus coloca a mão sobre o pecado do ser humano, é para dele reerguer o homem. Ele nos quer "esplêndidos em sua verdade", diz Francisco de Assis.

Dando ao homem a graça de reconhecer seu pecado, o Senhor o confirma em sua liberdade, em sua capacidade de amar à imagem e semelhança de Deus. Além disso, para o homem, declarar seu pecado é declarar sua responsabilidade pelo mal, para se dissociar desse mal e escolher o amor. Mas só Deus pode tirar um bem de um mal. Porque só a misericórdia divina cumpre toda a justiça. Ela dá amor maior que o pecado ao curar a ferida gerada pelo erro cometido. Esta verdade inaudita, o homem a descobre sob o olhar do Cristo na cruz. Jesus crucificado grita justiça para todos, ao pedir: "Pai, perdoa-lhes, pois eles não sabem o que fazem" (Lc 23,34). E o Pai faz misericórdia a seu Filho, que se tornou justiça para todos.

Padre Pio consome-se no amor misericordioso de Jesus pelos pecadores. Quando pode perdoar pecados, ele não é menos invadido que o pecador pelo amor do Cristo. Alegria de tornar livre um filho de Deus, de o haver conduzido à plena verdade de sua vida. Padre Pio conhece os rigores da justiça divina. Mas conhece melhor o preço do Amor crucificado. Sobre o coração de Jesus, diz ele, "a justiça de Deus não pode mesmo acontecer" (*TdD* 386).

Décimo primeiro dia

A COMPAIXÃO DE JESUS CRISTO

Sinto que Deus colocou no fundo de minha alma numerosas graças em relação à compaixão pelas misérias dos outros, principalmente em vista dos pobres que passam necessidades. A maior compaixão que experimenta minha alma à vista de um pobre provoca, no mais íntimo dela, um grande desejo de ir em seu socorro e, se eu não escutasse senão minha própria vontade, ela me levaria a me despir de minhas roupas para vestir o pobre.

Depois, se eu sei que alguém se aflige, mais em sua alma que em seu corpo, que não farei junto do Senhor para vê-lo livre de seus males? De bom grado tomaria sobre mim todas as suas aflições para vê-lo ir aliviado, concedendo-lhe os frutos daqueles sofrimentos, se para isso eu tivesse a permissão do Senhor (*TdD* 151).

Padre Pio não suporta ver o sofrimento de seus irmãos, como testemunha um frei capuchinho que conviveu com ele: "Padre Pio!, diz ele, ... sempre dedicado ao dever, dedicado à pobreza, dedicado à obediência. Onde ele próprio pensava estar em falta era no ardor da caridade..." (EI). Acha que jamais ama o necessário. Ele, que participa todos os dias do sofrimento de Jesus, apressa-se em tirar a carga quando a vê sobre os ombros de um irmão. No meio dos frades, é "uma fonte de bondade". Parece uma mãe para eles. A miséria humana rasga-lhe o coração e as entranhas. É possuído pelo brado de Deus nos inícios da revelação: "Eu vi, eu vi – disse Deus a Moisés – a miséria de meu povo no Egito. Ouvi seu clamor diante dos opressores; sim, conheço suas aflições. Desci para libertá-lo..." (Êx 3,7-8). Cheio do amor do Pai, Padre Pio é um com Jesus para viver o cumprimento das promessas. "Ide e contai a João o que vistes e ouvistes: os cegos veem, os paralíticos andam, os leprosos ficam curados, os surdos ouvem, ressuscitam os mortos, a Boa-Nova é anunciada aos pobres..." (Lc 7,22).

Na obscuridade, Padre Pio empenha-se junto daqueles que precisam dele. Durante a guerra de 1945, uma de suas filhas espirituais, sem mais nem menos e sem qualquer julgamento, é conduzida à morte. Padre Pio consegue sua libertação. "Eis, minha filha, o que conseguiste me fazer passar, com tua fé" (*VV* 98), diz-lhe tempos depois. São incontáveis os milagres e as curas que realiza. Mas, a exemplo de Jesus, tudo Padre Pio credita à fé ou a suscita. Sua caridade, cheia de delicadeza e amabilidade, manifesta-se de maneira inesperada e de acordo com seus diferentes carismas. Entretanto, se se acredita frequentemente "em milagre", a conversão, por meio de seu sacerdote, em San Giovanni Rotondo, é sempre a mais maravilhosa das obras de Deus. Padre Pio tem em vista principalmente o bem das almas e sua união total com o Cristo.

Ele não gosta de falar de si mesmo. Quase sempre resiste a atender um pedido de cura. Para cuidar de alguém, respeita o tempo, criatura de Deus, e os dons naturais que Deus concedeu aos homens. Se apraz a Deus, no entanto, ele se rende à vontade do divino médico e realiza o que o Espírito Santo lhe inspira. Reza sempre. Reza intensamente e recomenda que se reze para aliviar todas as misérias da humanidade. Bem longe de separar Marta e Maria, ele as une numa obra genial brotada diretamente de seu coração, que como fogo arde pelas crianças sofredoras na terra. A caridade de sua oração se concretiza na construção de um moderníssimo hospital, em uma das regiões mais pobres da Itália. E os "grupos de oração de Padre Pio" são associados ao hospital como um complemento indispensável, como se fossem alma e corpo. O nome dado a esta obra diz tudo de sua finalidade: *Casa do alívio do sofrimento.*

Jesus veio aliviar todo sofrimento, pois Deus não criou nem o mal nem a morte. Premido pela caridade de Cristo, Padre Pio está unido a seu Senhor como ao servo sofredor: "Foram nossos sofrimentos que ele tomou sobre si, foram nossas dores que ele assumiu" (Is 53,4).

Segundo o ensinamento do Cristo, Padre Pio não julga serem responsabilidade moral da pessoa os males que possam tê-la atingido. O pecado permanece, entretanto, a raiz, longínqua, mas bem real, de toda forma de mal e da morte. Tendo como base o confessionário, Padre Pio é infatigável no trabalho de arrancar o pecado do coração do homem.

O preço que paga por livrar tantos homens da escravidão do demônio faz que ele sinta, no corpo, o reflexo do sofrimento moral. Como conhece também, interiormente, os efeitos dos sofrimentos físicos na alma. Em cada pessoa doente, ele vê Jesus. "Em cada doente, está Jesus que sofre! Em cada pobre, está Jesus que definha! Portanto, em cada pobre, Jesus está duplamente presente" (*VV* 171).

O homem que sofre é Jesus e aquele por cuja salvação Jesus pagou um alto preço. Esse homem deve receber as maiores atenções. A caridade para com ele deve ser eficiente. Mas o fim do homem não está de forma alguma sobre esta terra. A união com Cristo para uma vida eterna, que é a última meta, é fruto de longo caminhar na Aliança. A compaixão pelo sofrimento do corpo não deve, pois, ser separada da compaixão pelas almas. Se o homem, pelo amor concedido a seu corpo, está atento à fonte primeira de seu ser, ele pode se abrir, no fundo de seu sofrimento, ao sentido da vida e às forças até então insuspeitadas. "Esta é a exata compreensão da caridade", diz Pio XII ao falar por ocasião da inauguração do hospital do Gargano. "Também a medicina, que quer ser verdadeiramente humana, deve abordar a pessoa integral, corpo e alma. Por outro lado, porém, por ela mesma, ela é incapaz, pois não detém qualquer autoridade ou qualquer mandato que a habilitem a intervir no domínio da consciência. Ela apela então por colaborações que prolongarão seu trabalho e a conduzirão a um resultado verdadeiro. Colocado em condições ideais sob o ponto de vista material e moral, o doente terá menor dificuldade para reconhecer, naqueles que labutam por sua cura, auxiliares de Deus, preocupados em preparar a vida para a intervenção da graça, e é a alma, ela mesma, que será restabelecida na plena e luminosa inteligência de suas prerrogativas e de sua vocação sobrenatural. Somente nestas condições se poderá falar, verdadeiramente, de alívio eficaz do sofrimento..." (*PPS* 240).

Segundo essa visão profunda de fé que abrange o homem inteiro, Padre Pio quer que esse hospital seja antes de tudo um centro de solidariedade, um centro de estudos e um centro de vida espiritual. Eis como transmite aos médicos o fruto de sua experiência do sofrimento: "A missão dos senhores é cuidar da doença. Mas, se ao leito do doente não levarem o amor, não creio que os remédios possam ser tão eficazes. Levem Deus aos doentes, isso valerá mais que todas as outras curas!" (*TdD* 737).

Pela cura dos doentes, o perdão dos pecados e a ressurreição de Lázaro, Jesus se entrega de corpo e alma, "até o extremo" (Jo 13,1). Esse é o amor. Porque o Pai escuta sempre a oração de Jesus (cf. Jo 11,41b-42a).

Décimo segundo dia

A IGREJA DE JESUS CRISTO

Rezemos pela causa da santa Igreja, nossa terna mãe; consagremos e sacrifiquemos tudo a Deus e para este fim, e esperemos (*PL* 137).

A ligação de Padre Pio com a Igreja se resume a estas duas atitudes de alma, que são o amor e a obediência. É imenso seu amor pela Igreja, constante e sempre leal, e se traduz concretamente na palavra de um de seus admiradores: "um milagre de obediência". Essas duas realidades se alicerçam, em toda a sua vida, numa oração incessante pela Igreja.

O amor de Padre Pio pela Igreja vem de sua profunda fé no Cristo. É um amor da mesma têmpera que o de Francisco de Assis. Se Francisco Forgione, como religioso, tornou-se o que é: frei Pio de Pietrelcina, ele o deve à Igreja. É a Igreja que o batizou e crismou, que lhe dá Jesus eucarístico e que faz dele um sacerdote de Jesus

Cristo, encarregado, a seu turno, nela e com ela, de dar Jesus ao mundo inteiro. Para Padre Pio, Cristo e a Igreja não são senão uma coisa só. Jesus amou a Igreja e se entregou por ela. Ele a fez, em primeiro lugar, sua Esposa e seu Corpo. "Este mistério é grande" (cf. Ef 5,25-32).

Nesse espírito, Padre Pio vive um grande respeito pela Igreja, a começar pelos que têm a incumbência de governá-la e de representá-la. "Se me acontecer, dizia com frequência Francisco de Assis, de encontrar ao mesmo tempo um santo vindo do céu e não importa que pobre padrezinho, eu começaria por apresentar minhas saudações ao padre, beijando-lhe logo as mãos, e diria: 'Um momento, São Lourenço! Pois estas mãos aqui tocam o Verbo de vida e têm um poder sobre-humano'" (*2Cel* 201).

O ensinamento de Francisco, Padre Pio o coloca em prática em situações bem diversas. Quando criança, foi doutrinado por um padre que vivia em pecado; ele o rejeita, mas não faz isso por mal. Mais tarde, já sacerdote, assiste esse ministro do Senhor no momento de sua morte e o reconcilia com Deus.

A um bispo, que não gostava dele, mandou dizer-lhe que jamais chegaria ao cargo a que aspirava, mas que ele, Padre Pio, estará ao lado dele no paraíso. Em Padre Pio, lucidez e humor não se separam nunca de uma caridade autêntica, porque, para ele, *"faltar à caridade é atingir Deus na pupila dos seus olhos"*. Ele não consegue impedir alguns fiéis de escrever ou de tentar defendê-lo, às vezes de forma agressiva. O que não suporta, porém, é que se fale mal, por pouco que seja, da Igreja e nem mesmo daqueles que, em sua Ordem ou na Cúria Romana, lhe acarretam grandes sofrimentos. Chora por certas ações que atingem a Igreja sob pretexto de protegê-la. A esse respeito, detém com sua autoridade paternal uma tentativa que faria escândalo e destruiria a face desta que é tão amada de Jesus, a Igreja sempre santa e imaculada.

Padre Pio não confunde alguns homens de Igreja, mesmo de alto escalão, com a Igreja inteira. Não confunde, sobretudo, jamais, o pecador que é preciso amar, qualquer que seja sua situação social ou eclesial, com o pecado que é preciso detestar. Mais ainda ele se achega, com toda a sua alma e com toda a força de sua fé, a esse mistério da Igreja, esposa de Jesus Cristo e templo do Espírito Santo.

Bebe sem cessar da fonte da fé recebida da mesma Igreja. Esta fonte habita seu coração e o faz ver e viver todas as coisas em Deus. Como ama os papas que vê sucessivamente presidir aos destinos do Corpo de Cristo em circunstâncias históricas tão difíceis! Estes, aliás, são sempre os primeiros a se recomendar à sua oração. Padre Pio ora por eles com fervor e oferece seus sofrimentos por sua intenção. De todos tece elogios com pareceres que denotam um cuidado feito de escuta atenta e de profundo respeito. É dos primeiros a obedecer às iniciativas do soberano Pontífice. Quando, em plena guerra, Pio XII lança um vibrante apelo à oração, é então que em resposta Padre Pio dá origem a seus "grupos de oração".

Ao lhe sobrevirem, sob ordens da cúria da Igreja, medidas restritivas a seu ministério, Padre Pio não renuncia a sua fé no mistério de Cristo em sua Igreja. "Tudo é brincadeira de amor", gostava de repetir (*TdD* 163). Ele sabe que é Deus que, em todos os acontecimentos, "maneja por trás". E contempla Jesus que sem cessar se entrega por sua Igreja em sua Paixão. Mesmo em resposta às instruções do Santo Ofício, que fazem dele um prisioneiro em seu convento, Padre Pio nada diz, embora chore. Silencia. Obedece. "A vontade dos superiores é a vontade de Deus." Ao terminar a longa provação, só uma reflexão sai de seus lábios: "Jesus me enviou para a salvação das almas. Mas que fiz eu durante esses três anos? Eu rezei. A oração, porém, não é suficiente para a missão que me foi confiada. Ai de mim, eu preciso de vossa ajuda. Peçamos a Jesus que isso não se repita. Jesus tem necessidade das almas, Jesus tem necessidade de salvar as almas" (*TdD* 706). Que fé no mistério de seu sacerdócio, recebido das mãos da Igreja, e que não pode ser vivido nem fora nem contra ela!

Já em 1912, ele relata ao padre Agostinho seu sofrimento devido a "um grande número de almas que se afastam de Deus, fonte de água viva, pelo único motivo de estarem privadas da Palavra de Deus. As ovelhas são numerosas, os trabalhadores são poucos" (*TdD* 156).

Com certeza Padre Pio percebe como, na Igreja, se divertem a seu respeito. "O vento sopra onde quer, e a gente ouve sua voz, mas não sabe de onde vem nem para onde vai, diz Jesus a Nicodemos. Assim é todo aquele que nasceu do Espírito" (Jo 3,8).

Os dons e os carismas do Espírito, frutos da livre iniciativa divina, podem vir colocar em desordem os hábitos e as maneiras de ser dos próprios pastores. Deus é sempre surpreendente, inesperado, pois ele é o Amor. A missão da Igreja ultrapassa a própria Igreja, porque ela é a Igreja do Cristo. A Igreja é santa e sempre em vias de santificação. E os dons recebidos, pela vontade de Jesus não se tornam menores por estarem submissos ao discernimento e à vigilância dos ministros da Igreja. Por isso, no que lhe concerne, Padre Pio, totalmente confiante, coloca-se primeiro sob o julgamento de seus diretores espirituais, e, depois deles, da autoridade suprema. É o próprio Espírito Santo que "assegura a unidade da Igreja na comunhão e no ministério; dota-a e a dirige mediante os diversos dons hierárquicos e carismáticos, e a adorna com seus frutos" (*LG* 4).

Padre Pio se diz ser um mistério para ele mesmo. Compreende que suscita alguma perplexidade junto daqueles que o têm no cargo. Mas, como para Francisco de Assis, ele não vê qualquer oposição entre carisma e instituição. Vive a causa da Igreja como a causa de Jesus Cristo em pessoa. Por ela e por amor de Jesus, ele quer pois se consagrar todo inteiro e tudo sacrificar. Porque sabe, por sua fé, que é por ela só que Jesus quer dar a salvação ao mundo inteiro.

Décimo terceiro dia

A MÃE DE JESUS CRISTO

Como este mês anuncia bem as doçuras e a beleza de Maria!... Quantas vezes não confiei eu a esta Mãe as penosas angústias de meu agitado coração! E quantas vezes não me tem ela consolado? Pobre "Madonina", como ela me ama! Disso me dou conta a cada instante, desde as primeiras horas deste mês. Com muito desvelo, ela mesma me acompanhou ao altar esta manhã...

Eu queria ter uma voz bem possante para convidar todos os pecadores do mundo inteiro a amar Nossa Senhora! Já que isso me é impossível, eu pedi, e pedirei de novo, a meu anjo da guarda para cumprir por mim esse dever... (*TdD* 70).

Ver Padre Pio rezar é infalivelmente encontrar a Virgem Maria. Ela está ali, a seu lado, com tal evidência que a ninguém pode escapar. Ele a invoca sem cessar e reza com ela. Isso para ele é natural e vem do mais fundo de sua fé.

O cardeal Joseph Ratzinger pôde dizer: "Se o lugar ocupado pela Virgem Maria tem sido sempre essencial ao equilíbrio da fé, reencontrar hoje esse lugar se tornou de uma urgência rara na história da Igreja" (FC). Padre Pio sempre teima nisso. Pode-se mesmo perguntar, legitimamente, se não é graças a esta presença constante da Virgem Maria junto dele que, no meio de tantas provações e sofrimentos, ele tenha conseguido guardar seu equilíbrio humano e espiritual.

"Como era bonito ver no silêncio da cela n. 5, testemunha um velho confrade, quando nós, os freis novatos, íamos nos confessar com ele! Uma doce luz dava um ar místico a seu rosto emagrecido, mas radiante. Diante dele, havia ali uma foto de sua mãe, falecida havia pouco tempo, e uma estatueta da Virgem. Ele nos falava dela e nos ensinava a amá-la. Quando passeava, em determinada hora, ao longo da alameda central do jardim do convento, absorto em seu sofrimento e em seu amor, fazia correr pelas mãos feridas as contas de seu terço. Como era calorosa sua voz, quando recitava, com os outros, a oração do *Angelus*, no jardim, no coro ou à janela! Quem não sentia derreter seu coração, quando, cambaleando, ele se dirigia ao altar para a cerimônia do entardecer e recitava, com voz quebrada pelos soluços, a "Visita à Santíssima Virgem Maria"? Quantas vezes não se detinha diante do quadro da Imaculada, ao pé da escada que levava à sacristia, ou então diante da Virgem das Dores que enfeitava o móvel dessa mesma sacristia?" (*TdD* 762-763).

Padre Pio vive de Maria, mais do que ensina a respeito dela. Chamam-no "o rosário vivo". Tem sempre um terço nas mãos. Ele o recita às dezenas no dia. O terço é *"minha arma"*, diz ele. No rude combate que trava com o demônio, ele não tem dúvida em comprovar a eficácia da oração a Maria. A incompatibilidade, estabelecida pelo Senhor entre o Adversário do gênero humano e a Mulher, faz de Maria a muralha mais inexpugnável contra os ataques demoníacos. "Sua descendência te esmagará a cabeça, e tu lhe ferirás o calcanhar", diz Deus à serpente enganadora (Gn 3,15).

A Virgem Maria é Nossa Senhora das graças. Toda graça nos é dada por meio dela. Por isso, Padre Pio a invoca em todas as suas necessidades, inclusive as materiais. Quando a doença o domina durante semanas, e depois que a imagem de Nossa Senhora de Fátima deixa a Itália, ele se dirige à sua Mãe com a confiança de uma criança: "Senhora minha Mãe, desde que entraste na Itália eu estou doente; e agora tu te vais e me deixas doente ainda?" (*PPS* 259). A cura é imediata... Padre Pio está imerso no oceano de sofrimentos do Cristo e da humanidade. Diante desse pedido de cura, ninguém o poderá acusar de cultivar o sofrimento pelo sofrimento e de ir em busca do extraordinário fora dos caminhos do Evangelho.

O senso da fé dita a Padre Pio o lugar insubstituível e necessário de uma verdadeira devoção a Maria. "É preciso que saibas que nós não podemos jamais buscar Jesus, fonte de água viva, sem nos servirmos do canal que é a Virgem. Jesus não vem a nós senão por intermédio da Virgem. Imitemos a Virgem em sua santa humildade e em sua discrição. Que a Santa Virgem te faça sentir todo o seu amor. Abandonemo-nos nas mãos da Mãe Celeste para conseguir o bem-estar e a paz" (*PPE* 145).

Sua força de convicção a respeito de Maria lhe vem da experiência. Certamente, desde criança ele vê com frequência a Virgem Maria. Depois que se torna padre e que luta por tirar as almas da lama do pecado, ele experimenta mais ainda a eficácia da presença da Virgem Maria, tanto no confessionário quanto no altar. A oração do terço é a resposta normal, espontânea, a essa presença amável da Mãe de Deus. À visita continuada da *"Madonina",* o filho responde com a visita do rosário: *"Ave, Maria..."* É vontade de Deus que a nova e eterna aliança se cumpra por meio de Maria, com ela e nela. Do início ao fim dos tempos e durante a totalidade do plano de amor do Pai, a Virgem Maria está associada à missão de seu divino Filho. "Esta maternidade de Maria na economia da graça perdura ininterruptamente, a partir do consentimento que ela fielmente prestou na Anunciação, que sob a cruz resolutamente sustentou, até a perpétua consumação de todos os eleitos" (*LG* 62).

É especialmente no seio da paixão que Padre Pio descobre a extraordinária união do Filho de Deus e de sua Mãe. Em uma carta ao padre Benedito, datada de 1913, ele descreve seus estados de alma, as graças de consolação e de união a Jesus, como também a experiência dolorosa de seu próprio pecado face ao amor radiante do coração do Cristo. A dupla experiência interior da luz e das trevas o faz compreender a espada que transpassou o coração de Maria em sua comunhão de espírito na paixão de seu Filho. Hora única, em que a maldade do pecado dos homens atinge o santíssimo, o puríssimo, e em que a santíssima, a puríssima comunga este crucificante encontro...

> Agora, parece que posso penetrar no que foi o martírio de nossa Mãe bem-amada, o que não me tinha sido possível antes. Oh! Se os homens penetrassem neste mistério! Quem conseguirá compreender nossa querida Corredentora? Quem lhe recusaria o título de Rainha dos Mártires? (*TdD* 99).

Maria, em sua presença única ao pé da cruz, Padre Pio a invoca e recomenda invocá-la para poder seguir Jesus como verdadeiro cristão, quer dizer, levando a cruz. "Que a Virgem das Dores obtenha de seu Santíssimo Filho nos fazer penetrar sempre mais fundo no mistério da Cruz, e que, com ela, nós sejamos embriagados pelos sofrimentos de Jesus. [...] Esforcemo-nos, nós também, como o têm feito tantas almas escolhidas, por nos conservar sempre atrás desta Mãe Bendita, de sempre andar junto dela, dado que não existe nenhum outro caminho que conduza à vida, senão este recebido de nossa Mãe. Não recusemos esse caminho, nós que queremos chegar à meta" *(TdD* 253-254).

Com infinita gratidão diante do dom de Deus recebido pela Toda Transparente do Senhor, Padre Pio entrega-lhe sua vida inteira e seu sacerdócio. Ele a invoca sem cessar para conseguir a meta da vida.

"Mãe dulcíssima, faz com que eu te ame! Derrama em minha alma este amor que ardia na tua..." (*VV* 152).

Décimo quarto dia

OS ANJOS DE JESUS CRISTO

Ó Rafaela, como é consolador saber que estamos sempre sob a guarda de um espírito celeste, que não nos abandona, mesmo quando – coisa admirável! – fazemos algo em desrespeito a Deus...

Tenha o belo costume de sempre pensar nele. Que, ao nosso lado, há um espírito celeste que, do berço ao túmulo, não nos deixa um instante, nos guia e nos protege como um amigo, como um irmão, que nos deve também consolar sempre, especialmente nas horas mais tristes para nós.

Saiba, Rafaela, que esse bom anjo reza por você: ele oferece a Deus todas as boas obras que você faz, seus desejos santos e puros. Nas horas em que lhe parece estar só e abandonada, não chore por não ter uma alma a quem você possa se abrir e a quem possa confiar suas angústias. Por caridade, não se esqueça desse companheiro invisível, sempre presente para escutar você, pronto sempre a consolar você. Ó deliciosa intimidade! Ó feliz companhia!... (*TdD* 243-244).

Quando criança, Padre Pio brinca com seu anjo da guarda. Ao descobrir que não acontece o mesmo com seus colegas, não se envaidece disso. A familiaridade com seu anjo, um dom recebido do Senhor, está toda inteira ao serviço de sua missão. Padre Pio é plenamente fiel a essa presença angélica. Isso lhe faculta abrir o coração e a inteligência a esse maravilhoso presente de Deus. Alguns espíritos bem pensantes querem incluir a existência dos anjos no reino da mitologia. Quando acontece a presença do misterioso mensageiro de Deus, unindo de novo você ao cerne de seu ser e à sua missão, os raciocínios se calam e dão lugar ao maravilhoso. "Ó deliciosa intimidade! Ó feliz companhia!..."

Padre Pio não discute. A existência dos anjos é uma verdade de fé, fruto do testemunho da Escritura e da unanimidade da Tradição (*CIC* 328). Como todo apóstolo, Padre Pio não está encarregado de fazer crer a seus ouvintes, mas de lhes dizer a verdade revelada. A força de sua oração e de sua convicção amadurece à medida que a experiência também vai operando muitas conversões.

"Você acredita em seu anjo da guarda?", pergunta ele a um seminarista. "Ah! Eu nunca o vi!", responde este. Fixando o jovem com seu olhar penetrante, Padre Pio lhe dá umas boas palmadas, acompanhadas destas palavras: "Olhe bem, ele está ali, e é muito bonito!" (*PPTD* 16).

Padre Pio sabe o que convém a cada um. A irradiação de sua caridade extrapola sua severidade. Tomemos consciência de que com frequência somos iguais a moleques incorrigíveis a pisotear os canteiros de flores do Senhor. Nós não vemos ou colocamos tão pouco em prática o amor do Senhor manifestado pelo anjo da guarda ou pelos anjos em geral. São os anjos do próprio Jesus. O Senhor no-los envia para nossa salvação (cf. Hb 1,14). Ele virá com seus anjos no fim dos tempos para tudo reconciliar com o Pai (cf. Mt 25,31).

Quando o Senhor nos pede que não desprezemos nenhuma criança, dá como motivo o fato de seus anjos estarem diante de Deus (cf. Mt 18,10). Além disso, enaltece a ligação estreita do homem com seu anjo da guarda e a essência da missão do anjo: ajudar o homem a guardar, em todos os seus atos, o coração voltado para Deus. Laço tão forte, diz Padre Pio, "que ele não nos abandona mesmo quando – coisa admirável! – fazemos algo em desrespeito a Deus".

Padre Pio e seu anjo da guarda são como dois irmãos gêmeos ou como amigos inseparáveis. Quer o veja ou não, Padre Pio conta com seu anjo e o invoca; pede sua ajuda fraterna em qualquer ocasião; e com grande gratidão aceita seus serviços. É capaz até de lhe fazer censuras, quando o anjo não se manifesta com rapidez ou parece tê-lo abandonado.

É que Padre Pio sente a grande eficiência de seu anjo nas tribulações que o assaltam. Eis o demônio, que faz tudo para separá-lo de seu diretor espiritual. Mas "nenhum mal te sucederá, nenhuma praga chegará à tua tenda, pois ele dará ordem a seus anjos para te guardarem em todos os teus caminhos" (Sl 91,10-11). Assim acontece no dia em que "Barba-Azul" (nome dado a Satanás por Padre Pio) borra toda a carta que padre Agostinho lhe envia. O anjo lhe diz como sair dessa: um pouco de água benta faz o trabalho. Maior assistência ainda lhe presta o anjo quando o demônio se lhe apresenta sob as aparências de um padre da Província capuchinha, dando-lhe ordem formal de não mais se corresponder com seu diretor espiritual. "Eu não teria jamais suspeitado, mesmo ligeiramente, constata Padre Pio, que se tratava de uma emboscada do Barba-Azul, se o anjo não me tivesse revelado a velhacaria!..." (*TdD* 78).

Um anjo veio reconfortar Jesus em sua agonia (Lc 22,43). Quantas vezes Padre Pio experimenta a presença benfazeja de seu anjo para sair de impasses ou de situações difíceis. "É nosso companheiro inseparável, diz ele, aquele que sempre está junto de nós, do nascimento à morte. Por isso, nossa solidão não é senão aparente. Nosso anjo da guarda está sempre ao nosso lado, desde a manhã, logo que acordamos, durante o dia e até a noite, sempre... sempre... Quantos serviços nos presta nosso anjo da guarda, sem que nós o percebamos e sem mesmo que o saibamos!" (*TdD* 404).

Eis por que Padre Pio ensina a invocar o anjo da guarda. "Convém jamais esquecer o anjo da guarda e se recomendar a ele, a quem muitas vezes fizemos chorar por não termos seguido suas inspirações, que são, enfim, a Vontade de Deus" (*TdD* 207).

Ao descobrir quem é nosso anjo, compreendemos porque ele se deve entristecer diante de nossas ingratidões.

O anjo da guarda adora a Deus face a face. Nessa luz divina, ele vê a beleza do homem que lhe é confiado. Toda a sua essência de anjo e todo o seu amor consistem em servir a Deus na criatura humana. Ele contempla o mistério mesmo de Deus naquela pessoa da qual tem a guarda, naquilo que há de único no coração dessa pessoa, e na missão que Deus a ela confiou. Seu respeito e sua reverência por seu protegido fazem com que ele jamais se coloque à sua frente, mas a seu lado ou logo atrás. É totalmente o inverso da atitude do anjo decaído, que procura interpor-se entre o homem e Deus, donde seu nome diabo (que, em grego, quer dizer: aquele que divide). Quem reconheceu a caridade de seu anjo e experimentou sua delicadeza compreende as palavras de Padre Pio: "Olhe bem, ele está ali e é muito bonito!"

Diante de nosso mundo que caminha cada vez mais para a complexidade, Padre Pio afirma a João Siena, seu filho espiritual: "Eis a hora dos anjos". Mais que nunca os anjos são chamados a servir os filhos da Igreja. O testemunho pessoal de muitos papas corrobora esta palavra profética de Padre Pio (Georges Huber, *Mon ange marchera devant toi,* Saint-Paul,18-32).

Além do mais, por qual misterioso plano a providência divina permitiu o surgimento, sobre o mesmo monte do Gargano, da mais antiga peregrinação a São Miguel Arcanjo e do primeiro padre estigmatizado da história? De sua parte, em sua luta contra o anjo das trevas e pela conversão dos pecadores, Padre Pio se apoia constantemente na oração e na intervenção do chefe da milícia celeste. É com ele que ele diz alcançar suas mais belas vitórias.

Décimo quinto dia

A HUMILDADE DE JESUS CRISTO

Guarde-se também do amor à vanglória, defeito comum em pessoas devotas. Ela nos empurra, sem que o percebamos, a sempre querer aparecer mais que os outros, a conquistar para nós a estima de todos. Disso o próprio São Paulo adverte seus amados Filipenses, quando diz: "Não façais nada por competição e vaidade" (Fl 2,3). Esse grande santo, cheio do Espírito do Senhor, via bem, em toda a sua dimensão, o mal que se apoderaria desses santos cristãos, se esse vício maldito viesse a penetrar em seus espíritos. Esta a razão pela qual ele os quis colocar de sobreaviso: "Não façais nada por competição e vaidade".

Contra esse maldito vício, verdadeiro verme, verdadeira traça da alma piedosa, oponha o desprezo. Não aceite que se fale muito de você; a opinião humilde sobre si mesmo, ao julgar todo o mundo superior, é o único remédio para nos proteger desse vício.

Sem contar que residem aí a fonte e o germe de toda divisão. A humildade, ao contrário, nos tornará semelhantes ao Senhor que, em sua Encarnação, se abaixou e se aniquilou, tomando a forma de escravo (*TdD* 193).

Quando Padre Pio escreve essas linhas a Rafaela, ele é ainda padre jovem e não sabe da afluência de multidões, com o terrível perigo para a humildade que isso comporta. Ele tem consciência dos dons que o Senhor lhe concede. Conhece-se bem e sabe que o orgulho é a raiz do mal, jacente no fundo do coração de cada homem. Quando o orgulho estende suas raízes por entre as maravilhas do Senhor, ele perverte e falsifica tudo. Aquele que quer viver a plenitude da Lei pede que seja preservado do orgulho. "Também do orgulho salvai vosso servo, para que não me domine; então serei irrepreensível e imune do grande pecado" (Sl 19,14).

O orgulho! Eis o grande perigo para as almas de escol. Trata-se do pecado por excelência.

"Para o mal dos soberbos não existe cura, porque a maldade neles criou raízes..." (Eclo 3,30).

"A humildade, ao contrário, nos tornará semelhantes ao Senhor." Os santos a desejam porque ela é a rainha das virtudes. Entretanto, um só é verdadeiramente humilde, o Senhor. A Virgem Maria une-se perfeitamente a ele em sua humildade. Quanto a nós, nós tendemos à perfeição da humildade. Padre Pio é consciente disso. Jamais acredita ter chegado lá.

A humildade não consiste em dizer que não valemos nada. Esta não é a convicção do salmista que bem alto diz a Deus: "Que maravilha sou eu, quão maravilhosas são vossas obras!" (Sl 139,14). A humildade é irmã da pobreza, diz Francisco de Assis. Ela consiste em não se apropriar daquilo que vem de Deus. Mais especificamente, ela reconhece que todo bem é um dom de Deus. A humildade retribui todo bem com louvores e ações de graças ao Senhor Deus.

> Eu não compreendo como uma alma pode orgulhar-se de dons que vê em si mesma. Penso que, quanto mais uma alma se vê enriquecida, mais razão tem de se humilhar perante o Senhor,

uma vez que os dons do Senhor dignificam, e ela não poderá jamais dar plena satisfação ao Dispensador de todo bem...

Oh, quando o tentador quiser fazê-lo render-se ao orgulho, repita para você mesmo: tudo o que há de bem em mim Deus me emprestou. Gloriar-me daquilo que não é meu seria uma loucura (*TdD* 226).

Chegar a essa atitude de alma é impossível sem passar pela provação da noite interior e a tomada de consciência de seu próprio nada e de sua condição de pecador. Padre Pio conhece a realidade de seus próprios pecados face à grandeza de Deus. Está convencido de que não responde como deve aos dons que recebeu do Altíssimo. Como o apóstolo Paulo, gloria-se de suas próprias fraquezas. Então Deus pode tanto mais revelar a ele as maravilhas de seu amor.

Ama tua própria abjeção, escreve a Maria Gargani. Se és humilde, tranquila, doce, cheia de confiança em meio a tuas impotências, se não te impacientas, se não tens demasiada atenção contigo mesma, se não te perturbas com tudo o que vais sofrer, mas se, de bom grado – eu não disse alegremente –, mas franca e firmemente abraças todas as cruzes, se te contentas com permanecer nas trevas do espírito que o Céu te enviará, então, tu amarás tua abjeção.

E que quer dizer "abjeção" senão "obscuridade", "impotência"? Ama estar nesse estado por amor daquele que assim quer, e tu amarás tua própria abjeção, que é o grau mais elevado da humildade (*TdD* 447).

Tudo vem de Deus e tudo a ele retorna. Por não ser fácil permanecer humilde quando se recebeu muito, Padre Pio pede para ser, de preferência, conduzido por "este caminho comum que todas as outras almas trilham" (*TdD* 236). Pede que lhe seja concedida na última hora a contrição perfeita. E ouve Jesus lhe dizer: "Quantas vezes me terias abandonado, meu filho, se eu não te houvesse crucificado? Sobre a cruz aprende-se a amar, e eu não a dou a todos, mas somente às almas que me são as mais caras!" (*TdD* 83). E escreve a seu Provincial: "Humilhemo-nos, pois, muito e reconheçamos que se Deus não fosse nossa couraça e nosso escudo, nós seríamos imediatamente transpassados por toda sorte de pecado" (*TdD* 450).

De que, pois, pode o servo de Deus se gloriar?

A humildade do servo consiste, a exemplo da Virgem Maria, em reconhecer que o Senhor fez nele grandes coisas, em entregar tudo a Deus por uma perpétua ação de graças. Dar graças estando plenamente entregue ao serviço de todos os filhos de Abraão. É este o retrato do pobre capuchinho do Gargano. Todos são tocados por sua extrema humildade. Inteiramente entregue, Padre Pio não tem atenção senão para Deus. Em total humildade, ele sabe que todo sacerdote é "um instrumento ligado ao Verbo" (Tomás de Aquino). O essencial, portanto, é ter consciência de viver deixando passar, por esse ministério, Deus, e Deus só.

Em seu relato de visita, o príncipe Klugkist, cristão ortodoxo, testemunha: "Eu me encontrei em face do 'Eu divino', dele só, e já não encontrei traço do 'eu humano'. Os outros eram 'homens', cuja personalidade era mais ou menos penetrada do divino. Ele, ao contrário, não é senão um instrumento do divino. E chegou à meta, à União. [...] Padre Pio me escutava com a maior atenção, evitando, porém, meu olhar. De minha parte, eu, todo falante, examinava-o atentamente e me sentia mais fascinado pela 'sinceridade' de sua santidade. Nenhum gesto, nenhum olhar, nenhuma palavra que tivesse tido a marca 'pessoal'. Parecia-me poder perceber qualquer coisa de infinitamente superior que se unia àquele corpo, humilde e frágil..." (*TdD* 582, 586).

No coração da Trindade santa o Verbo de Deus submete-se inteiro ao Pai. Sua alegria é ter sido gerado pelo Pai e tudo a ele entregar num ato eterno de oferta e reconhecimento... Quando se encarna e se aniquila até a dolorosa paixão, o Verbo de Deus manifesta aos homens a humildade que existe no Deus único e três vezes santo.

Ó humildade divina, através da qual se manifestam a beleza e a grandeza daquele diante do qual tu te fazes todo pequeno!

"Se eu não te lavar, não terás parte comigo", disse Jesus ajoelhado diante do apóstolo Pedro... (Jo 13,8b). Em Padre Pio, Jesus nos pede humildemente que aceitemos que nos lave os pés, para que, lá onde ele está, estejamos nós também pela eternidade.

BIBLIOGRAFIA

Eis alguns livros de referência, em língua francesa. Em sua maior parte, remetem a uma abundante bibliografia, particularmente em língua italiana.

Biografias

Pascal CATANEO, *Fioretti de Padre Pio*, Médiaspaul, 1990, 191 p. Esses relatos revelam as delicadezas de Deus manifestadas no concreto da vida. Os fatos narrados são solidamente demonstrados e reconhecidos por não deixarem passar livre curso a um entusiasmo mal esclarecido.

Yves CHIRON, *Padre Pio, le stigmatisé,* Petrin, 1999, 343 p. O conjunto da vida de Padre Pio, visto em toda a sua extensão e riqueza.

Jean DEROBERT, *Padre Pio, transparent de Dieu,* Hovine, 1987, 790 p. O relato, escrito a partir do conjunto de cartas espirituais do bem-

-aventurado, abre ao leitor, mais que os *Fioretti*, a alma do estigmatizado. Um livro importante para conhecer Padre Pio.

Enrico MALATESTA, *Padre Pio, um prête sous le poids de la croix,* François-Xavier de Guibert, 1993, 253 p. O livro abre bastante espaço à controvérsia a propósito da autenticidade dos estigmas, como das diversas perseguições. São fornecidos documentos de primeira mão.

Luigi PERONI, *Padre Pio, Le saint François du XXe siècle,* Saint-Augustin, 1998, 181 p. Olhar de uma testemunha e de um filho espiritual, conselheiro, depois, dos grupos de oração.

Maria WINOWSKA, *Le vrai visage du Padre Pio. Vie e survie,* Fayard, 1976, 180 p. Relato muito vivo, cheio de sutilezas e profundidade, que mostra a verdadeira face de Padre Pio. A autora não receia mostrar simplesmente seu próprio itinerário. Mais que o aborrecimento frente a certa literatura muito entusiástica e deformante devido a seu "fanatismo", ela própria é levada ao encontro de um homem de Deus resplandescente de humildade.

Extratos de escritos de Padre Pio

Padre Pio. Paroles de Lumière, Salvator, 2000, 207 p.

Padre Pio nous enseigne, éditions "La casa sollievo della sofferenza", San Giovanni Rotondo, 1983, 295 p.

Padre Pio, une pensée chaque jour, Médiaspaul, 1991, 122 p.

Padre Pio, transparent de Dieu. Esta obra do padre Jean Derobert, já citada, fornece o texto mesmo de quase a totalidade das cartas espirituais de Padre Pio.

Obras de espiritualidade

Jean DEROBERT, *Padre Pio, Témoin de Dieu, Maître spirituel, Homme de la messe,* Hovine, 1986, 40 p. Relato do encontro do autor com Padre Pio, tornado seu pai espiritual, e testemunho sobre a participação de Padre Pio na paixão de Jesus durante a missa.

Jean DEROBERT, *La Rose de Padre Pio,* Hovine, 1988, 40 p., e *Ce que croyait Padre Pio,* Hovine, 1991, 40 p. Esses dois opúsculos prolongam o testemunho do autor depois de sua obra maior acima citada.

Melchiore de POBLADURA, *À l'école spirituel de Padre Pio,* éditions "Padre Pio da Pietrelcina", San Giovanni Rotondo, 1996, 248 p. Estudo sistemático da espiritualidade de Padre Pio.

Giovanni SIENA, *Padre Pio, Voici l'heure des anges,* Tequi, 1999, 264 p. Conhecendo a proximidade de Padre Pio com seu anjo da guarda e São Miguel, o autor, natural de San Giovanni Rotondo e filho espiritual de Padre Pio, procura compreender melhor o mistério da vida e da camaradagem dos anjos na vida dos homens. Encorajando-o, diz-lhe Padre Pio: "Eis a hora dos anjos".

ÍNDICE

Siglas e abreviações 7
A vida de Padre Pio 9
Um rosto a contemplar 21

1. O chamado de Jesus Cristo 25
2. A pobreza de Jesus Cristo 31
3. A oração de Jesus Cristo 37
4. O combate de Jesus Cristo 44
5. O amor de Jesus Cristo 51
6. O sacerdócio de Jesus Cristo 57
7. A obediência de Jesus Cristo 64
8. As chagas de Jesus Cristo 71
9. A Eucaristia de Jesus Cristo 77
10. Os pecadores, filhos muito
    amados de Jesus Cristo 83
11. A compaixão de Jesus Cristo 89
12. A Igreja de Jesus Cristo 95
13. A Mãe de Jesus Cristo 101
14. Os anjos de Jesus Cristo 108
15. A humildade de Jesus Cristo 115

Bibliografia 123